UNE HISTOIRE DE CONFIANCE

BERNARD DARTY

EN COLLABORATION AVEC
JEAN-LUC RIGAUD ET LISE BENINCA

UNE HISTOIRE DE CONFIANCE

L'AVENTURE DARTY

DUNOD

Maquette de couverture : Le Petit Atelier.

11 rue Paul Bert, 92240 Malakoff
www.dunod.com

ISBN : 978-2-10-078124-9

Ce livre est dédié à Paulette, mon épouse, qui partage ma vie depuis soixante ans, et qui m'a dit « oui » devant Monsieur le Maire alors que, la même semaine, je découvrais un nouveau métier dans notre premier magasin, « Électro Montreuil ».

À toute ma famille, et naturellement à la mémoire de mon père, Henri, et de mes frères, Natan et Marcel.

À Philippe Francès, qui a bien voulu accepter de devenir le quatrième frère.

Sommaire

Remerciements

Ce livre n'est pas uniquement le mien, mais surtout celui de notre entreprise ; il a été réalisé à partir d'entretiens menés auprès d'une quarantaine de personnes qui en forment, avec beaucoup d'autres, la mémoire collective. Je les remercie très chaleureusement, comme je remercie les milliers d'hommes et de femmes qui, au cours des dernières décennies, ont travaillé dans la société, ainsi que les dizaines de millions de clients qui ont contribué à faire du groupe Darty ce qu'il est devenu.

Ont participé aux entretiens :

Serge Amiard,

Gérard Basini,

Chantal et Didier Beaumont,

Marcelle Bisson,

Henriette Boret,

Bernard Brochand,

Jean-Claude Carrabin,

Luc Chaumeil,

Michel Clément,

Claude Darty,

Richard Deleplanque,

Roger Deraita,

Philippe Francès,

Bernard Fusiller,

Guy-Alexandre Gallon,

Benoît Jaubert,

Guy Lavaud,

Bertrand Lehrer,

Philippe Molina,

Jean-Daniel Moreau,

Robert Piccini,

Jean-Yves Picot,

Jacques Planchot,

Alain de Pouzilhac,

Jean-François Quenin,

Vic Ragoen,

Jean-Michel Ravel d'Estienne,

Michel Repiso,

François Robichez,

Jean-Michel de la Roche,

Christiane Schneider,

Jean-Luc Sélignan,

Hervé Skornik,

Jacques et Jacqueline Smaer,

Marc Sulitzer,

André Touati,

François-Marie Valentin.

Merci Viktor… Tu m'as beaucoup aidé !

Préface

par Bernard Darty

Darty, vous connaissez sans doute... Vous avez probablement entendu notre jingle à la radio, vous avez certainement vu circuler les très reconnaissables camions et camionnettes de nos services livraison et après-vente, et il y a même de fortes chances pour que vous vous soyiez équipé en électrodomestique dans l'un des magasins de notre enseigne. Mais peut-être ignorez-vous l'histoire de cette marque qui porte le nom de ma famille...

Il se trouve qu'au moment où le succès des Établissements Darty et Fils s'est confirmé, marqué notamment par notre entrée en Bourse, plusieurs éditeurs m'ont suggéré d'écrire l'histoire de la société. Mais je dois dire que je n'en voyais pas l'intérêt, ni pour l'entreprise, ni pour le public. D'une part, je n'avais pas de message particulier à délivrer, et d'autre part, je trouvais plutôt prétentieuse l'idée de m'exprimer pour donner des leçons aux autres.

Je me disais également que nous pourrions un jour rencontrer des vents contraires, ce qui ne manquerait pas de me discréditer, moi, mes propos et même l'entreprise... Je gardais en tête l'exemple cuisant de Mel Landow, un confrère dont j'avais eu l'opportunité de visiter les magasins lors d'un voyage d'information aux États-Unis, où il avait ouvert une chaîne basée sur un concept original. Il avait publié, un peu enivré par son succès, un ouvrage intitulé *How to Make a Million in Retailing*. Malheureusement, son échec fut tout aussi fulgurant, le conduisant à déposer le bilan quelques années plus tard… Ce qui ne manqua pas d'inciter ses concurrents à tourner son livre en dérision : *How to Lose a Million in Retailing* !

Aujourd'hui, je ne suis plus actionnaire de Darty depuis longtemps. J'ai 83 ans et je porte le nom d'une marque. Lorsque l'on me demande ce que cela représente pour moi, je réponds simplement que j'en suis fier. Mes deux frères, Natan et Marcel, avec lesquels nous avons développé l'entreprise familiale, ne sont plus de ce monde. Alors peut-être est-ce la dernière occasion de faire le récit de notre aventure commune. Si je ne le fais pas, qui s'en chargera ?

Il est émouvant de remonter le chemin parcouru, et je m'y penche avec plaisir. Je n'ai pourtant pas souhaité le faire en mon nom seul, mais au nom des personnes qui ont fait de Darty ce qu'il est devenu. Tous les collaborateurs qui se sont engagés pour développer l'entreprise et lui insuffler l'esprit qui a été le nôtre pendant des décennies. Le concept du service irréprochable, la priorité donnée au client, ces grands principes sur lesquels a été fondé notre « Contrat de Confiance » et qui, sans l'investissement de tous les salariés de l'entreprise – des cadres dirigeants jusqu'aux vendeurs ou aux techniciens du service après-vente –, seraient restés de jolis mots sur une feuille de papier. Grâce à eux, ces mots ont pris corps et nos promesses à l'égard des clients ont été tenues, concrètement.

Il se disait dans les couloirs que chez Darty, soit vous restiez six mois, soit vous restiez trente ans. Et c'est vrai.

Nous avons bâti notre réussite sur une conception particulière du rapport avec notre clientèle et des relations avec le personnel, et si vous n'adhériez pas à cette philosophie, vous n'aviez rien à faire parmi nous.

C'est pour cela qu'en réfléchissant à ce projet de livre, j'ai pensé qu'inviter d'anciens collaborateurs à ajouter leurs souvenirs aux miens serait plus vivant, mais aussi plus proche de la réalité. J'ai ainsi demandé à Jean-Luc Rigaud de mener une quarantaine d'entretiens auprès d'anciens collaborateurs. Ils ont tous accepté. Henriette Boret, qui avait été embauchée – dès que nous avons pu nous le permettre – comme secrétaire de la société, a ouvert le bal des interviews. Jean-Luc Rigaud s'est déplacé pour la rencontrer. Elle s'est montrée très émue, m'a-t-il dit, comme l'ont été tous les autres – quelles que soient les fonctions qu'ils avaient occupées à l'époque –, de pouvoir témoigner de ce qu'a été l'aventure Darty.

Cette aventure, vous allez en découvrir les étapes essentielles en lisant ce livre dont j'ai proposé à Jean-Luc Rigaud et Lise Beninca d'assurer, en concertation avec moi, la rédaction. Il laisse bien entendu de côté une multitude de faits qu'il aurait été trop long de relater. Nous avons fait des choix, guidés par ce qui nous semblait le plus marquant parmi cette foule d'événements et de souvenirs qui s'étendent sur près de cinquante ans.

L'aventure Darty a commencé comme beaucoup d'autres entreprises industrielles ou commerciales : un père et ses fils décident de se mettre à leur compte et de s'organiser du mieux possible pour que leur affaire se développe. Ce que peu de gens savent, c'est que la famille exerçait à l'époque son activité dans la confection. Moi-même, j'ai appris à couper et fabriquer des costumes dans l'atelier de mon père.

Notre famille vient de Pologne, où mon père était commerçant dans le textile. Dès 1930, il a fui les persécutions de plus en plus violentes. Il a choisi de se réfugier en France, où l'un de ses cousins s'était déjà établi, et s'est installé rue d'Avron, dans le 20e arrondissement de Paris, comme façonnier à domicile pour la maison Weill. Dès qu'il en a eu les moyens, il a fait venir sa femme et ses enfants. C'est ainsi que, dans une farouche volonté d'assimilation, Icek Herz Darty est devenu Henri Darty. Quant à moi, je suis le seul des cinq enfants de la famille à être né en France, en 1934.

En 1940, l'invasion du pays par les Allemands nous a de nouveau mis en danger. Mon frère aîné Natan, arrêté en 1941 dans la rue et interné au camp de Drancy alors qu'il avait 21 ans, a fait partie du premier convoi de déportés pour Auschwitz. Il en est revenu quatre ans plus tard, figurant dans la liste des vingt-trois survivants de ce convoi qui comptait plus d'un millier d'hommes.

Le 16 juillet 1942, ce fut au tour de ma mère, Golda, d'être victime de la tristement célèbre rafle du Vel d'Hiv. Ce jour-là, la police s'est présentée à notre appartement à six heures du matin. Mes parents avaient réussi à me mettre à l'abri chez ma tante, qui bénéficiait d'un statut particulier puisqu'elle était mariée avec un soldat de l'armée française, engagé volontaire et prisonnier de guerre, ce qui la protégeait des rafles. Quelques heures plus tard, ma mère et mon frère Marcel ont tenté d'avoir des nouvelles de mon père, qui s'était réfugié dans une épicerie du quartier. Alors qu'ils marchaient sur le trottoir d'en face, la concierge de notre immeuble les a reconnus et désignés du doigt à la police qui venait les chercher. Ils se sont mis à courir. Mais ma mère n'a pas couru assez vite. Elle a été arrêtée et envoyée au Vélodrome d'Hiver en ce Jeudi noir, avant d'être déportée à Auschwitz, d'où elle n'est jamais revenue.

Marcel, que ses 20 ans rendaient plus vigoureux, a réussi à s'échapper. Il a, plus tard, travaillé comme ouvrier agricole dans l'Oise et a rejoint la Résistance. Mes sœurs, qui n'étaient pas à la maison, ont également eu la vie sauve. J'avais alors sept ans et demi, et j'ai été placé en pension dans une famille d'accueil en région parisienne, à Savigny-sur-Orge. Mon père, lui, avait trouvé refuge dans l'arrière-salle d'un café qui était alors fermé. La propriétaire qui l'hébergeait, madame Barthélémy, se substituait à lui pour récupérer les ballots de pièces de tissu chez Weill et les lui apporter, dans le plus grand secret, pour qu'il confectionne clandestinement ses tailleurs pour dames. La rémunération qu'il obtenait pour ce travail lui a permis de payer les frais de pension de ses enfants pendant toute la durée de la guerre.

Si je suis en vie, si je suis en mesure d'évoquer cette histoire aujourd'hui, c'est grâce à l'intervention des troupes alliées, notamment composées de centaines de milliers de jeunes soldats américains, qui ont débarqué sur les côtes de Normandie en juin 1944. La gratitude que je ressens à leur égard va au-delà des mots. Sans eux, la famille que mon épouse Paulette et moi-même avons créée n'existerait tout simplement pas ; pas plus que les magasins Darty dont l'histoire va à présent vous être racontée.

1

« Si tu croises la fortune, offre-lui un siège »

Commençons notre visite par ce petit appartement de 40 m^2, au 107, rue d'Avron, dans le 20e arrondissement de Paris. Dans la pièce de vie trônent quatre machines à coudre dont on entend le ronronnement régulier. Des coupons de tissus sont empilés çà et là, entre les bobines de fils et les boîtes remplies de boutons. Natan est en train de couper un pan de tissu tandis qu'Henri assemble les manches d'une veste de tailleur. Sa femme Golda prépare les doublures et Marcel est probablement parti livrer les pièces confectionnées pour la maison Weill, située près du Marché Saint-Pierre. Le soir, quand la journée de travail est terminée, on retourne les têtes des machines pour déposer une nappe sur leur socle et y partager le repas. Un lit d'appoint trouve aussi sa place dans la pièce, pour l'une des filles de la famille, Madeleine. La seconde, Dora, est logée à l'Institut pour jeunes sourds de Bourg-la-Reine. Natan et Marcel se partagent l'une des chambres tandis que Bernard, encore très jeune, dort dans celle de ses parents.

Avant que la guerre n'éclate, avant que Natan puis Golda ne soient arrêtés par la police et déportés, la famille Darty vit modestement de ce travail de confection à domicile. Un travail qu'Henri poursuivra dans la clandestinité pendant la guerre pour gagner de quoi subvenir aux besoins de ses enfants. À la Libération, après tant d'épreuves, Natan rejoint la famille mais Golda manque douloureusement à l'appel. Henri a retrouvé le petit appartement de la rue d'Avron où il loge de nouveau avec Bernard, et il est parvenu à réunir vaille que vaille les 300000 anciens francs (soit 500 euros) nécessaires à l'ouverture de sa propre société. Le 27 juin 1947, les Établissements Darty et Fils, confection pour hommes, voient le jour dans le sous-sol de la maison de Marcel au 296, rue Étienne-Marcel, à Bagnolet…

La première pierre de l'édifice

Au sein de la petite entreprise familiale, Henri et Natan continuent à se charger de la confection tandis que Marcel s'occupe de la commercialisation des vêtements. Ils sont exclusivement vendus à des détaillants et il effectue de nombreux déplacements en province, principalement dans l'Est de la France où s'est formé le gros de leur clientèle. Peu à peu, l'entreprise se développe et la famille peut se permettre de louer un local de 150 m^2 au deuxième étage du 15, rue Dussoubs. Le local se transforme bientôt en un atelier qui occupe une dizaine d'employés à plein-temps et permet à toute la famille d'en vivre.

L'année 1952 est marquée par le décès du seul détaillant parisien qui vendait les vêtements des Établissements Darty et Fils. On propose à la famille Darty de reprendre le bail du magasin qu'il détenait. Cette boutique est située avenue de la porte de Montreuil, à proximité de chez Marcel mais aussi de la rue d'Avron où résident toujours Henri et Bernard. Elle est constituée d'un petit local de vente et d'un étage qui tient lieu à la fois de réserve et d'atelier de retouches. La famille Darty n'ayant pas d'autre revendeur à Paris, elle n'y entre pas en concurrence avec ses propres clients. Le choix est donc idéal. Les Établissements Darty et Fils commencent ainsi à vendre eux-mêmes leurs créations aux particuliers. C'est la première pierre de l'édifice…

Dans un premier temps, la boutique tenue par Marcel et Natan est nommée « Aux Deux Frères ». (Bernard, qui poursuit ses études, n'y travaille que le week-end.) Mais un magasin du même nom existe à Saint-Denis ; alors on opte tout simplement pour l'enseigne « Vêtements Darty ». Bernard ne tardera d'ailleurs pas à y rejoindre ses frères aînés. À l'atelier de la rue Dussoubs, il a acquis les rudiments de la confection tout en suivant les cours du soir à l'Académie Jean-Darroux, ancêtre de l'Académie internationale de coupe de Paris, et il vient d'obtenir son diplôme de coupeur.

Bien que la boutique soit exiguë, pas plus de 25 m^2, elle se situe à l'entrée du marché aux puces, où il y a affluence en fin de semaine. On ouvre six jours sur sept dont le dimanche, le seul jour de fermeture étant le mercredi, et l'on étend la surface en disposant des portants à l'extérieur, devant la vitrine, qui attirent les clients. Une relation de confiance se développe rapidement avec la clientèle car on apporte un soin tout particulier à la qualité des productions, mais on prend aussi en compte la notion de service : des ajustements peuvent être effectués sur les vêtements, et l'on s'adapte aux besoins particuliers de chacun. Les tailles hors norme trouvent aussi leur bonheur dans la boutique !

« Votre costume à vos mesures au prix du tout fait »

Pour développer son affaire, Henri Darty s'inspire des campagnes publicitaires de la maison Weill pour laquelle il a longtemps travaillé. Il se souvient qu'un slogan simple mais efficace, diffusé en encart dans l'hebdomadaire féminin *Elle,* lancé en 1945, avait permis à la marque d'accroître son succès commercial: « Madame, un vêtement Weill vous va. » La famille Darty ne tarde pas à produire ses propres prospectus de réclame, distribués à la sortie du métro de la porte de Montreuil. C'est Bernard qui trouve la formule « Darty, votre costume à vos mesures au prix du tout fait ! » : « C'était le cas ! On vendait des vêtements de confection qu'on ajustait et qu'on pouvait même recouper pour le client. » Très vite, Bernard fourmille d'idées pour faire connaître la marque. Il fait imprimer le slogan sur des buvards, qui ont moins de chance que les prospectus de finir à la corbeille, puisqu'ils ont leur utilité… « À l'école communale, on écrivait à la plume et on collectionnait les buvards. Quand je suis arrivé avec des buvards Darty pour tous mes copains, j'étais fier comme un paon ! » se souvient Claude, le fils de Marcel.

Plus tard, la publicité pour les vêtements Darty s'étend aux cinémas de quartier. Les frères Darty achètent un film « tout fait » pour porter les couleurs de l'entreprise familiale sur le grand écran, qui est alors le moyen de divertissement le plus accessible et le plus populaire. « On a trouvé un film qui mettait en scène un gars tout petit et très gros et un autre très grand et maigre, raconte Bernard. On les voyait entrer dans un magasin et le tailleur s'exclamait : “Mais je n'ai rien pour vos tailles !” Les deux gars sortaient, désabusés. Et d'un seul coup, on voyait s'afficher : *Vêtements Darty.* Alors l'un des deux s'écriait : “Eh bien, voilà ce qu'il nous faut ! *Vêtements Darty*, c'est pour les grands, pour les petits...” »

L'exigence du service apporté à la clientèle, qui deviendra le fer de lance de l'entreprise, trouve sans doute son origine ici. Le slogan « À vos mesures au prix du tout fait » affiché sur les supports publicitaires illustre l'engagement d'un service personnalisé au meilleur prix. Cette exigence sera plus tard un atout formidable pour l'entreprise Darty version électroménager, puisqu'elle lui permettra de s'accomplir comme prestataire de service au lieu de rester simple revendeur.

Les Établissements Darty et Fils connaissent un bel essor, ce qui permet d'ouvrir, en 1953, un deuxième magasin rue Martin-Garat, porte de Bagnolet, et l'année suivante, un troisième boulevard de Magenta à Paris. C'est Bernard qui, avant de partir au service militaire, aura la responsabilité du petit magasin de la rue Martin-Garat : « J'étais seul en semaine car il y avait peu de clients mais le samedi, un vendeur me rejoignait. Je crois que mon record, du moins dans mon souvenir peut-être embelli par le temps, c'est d'avoir vendu huit costumes le même jour ! »

L'ensemble des trois magasins draine une clientèle qui se fidélise et s'ajoute à celle des détaillants de province. Mais pour assurer un avenir professionnel à l'ensemble des membres de la famille, il faut développer davantage à la fois l'offre de vente au détail et l'activité de production.

Quand le hasard fait bien les choses…

À l'époque, une échoppe qu'on surnomme « le boyau » sépare le magasin des Vêtements Darty d'un autre petit magasin, Électro Montreuil, qui vend des postes de radio, des électrophones, des pellicules photos et des piles, mais également les premiers téléviseurs. Or il se trouve qu'en décembre 1957, le bail de ce magasin est mis en vente. Les frères Darty se portent aussitôt acquéreurs. Ils envisagent de changer la nature du bail pour pouvoir vendre leurs vêtements dans les deux magasins. Mais c'était sans compter le refus de l'administration de la ville de Paris (SAGI), propriétaire de l'ensemble des magasins. Le chef de bureau, soucieux du respect des règlements, refuse la modification du bail : « Vous devez exercer une activité conforme à l'engagement de location. Pas question de vendre des vêtements ! » Le rejet de l'administration fera office de doigt du destin… Le hasard vient de faire entrer la famille Darty dans un secteur d'activité qui va se développer de manière considérable : l'électrodomestique.

À son retour du service militaire, Bernard prend la responsabilité du nouveau petit magasin Électro Montreuil. Il y est formé et secondé par monsieur Soland, l'ancien exploitant, qui a porté comme condition à la vente du bail d'être gardé comme employé. Un dépanneur radio, bien que présent seulement quelques heures par jour, reste également attaché au magasin. C'est ainsi que les frères Darty découvrent un nouveau métier et un nouvel environnement économique, dans lequel ils vont exceller.

Le samedi, alors que la foule se presse au marché aux puces, monsieur Soland a pris l'habitude de retourner le seul téléviseur exposé dans la vitrine pour le regarder durant la petite plage horaire de diffusion des programmes. Voilà qui donne une nouvelle idée à Bernard : il décide de placer le téléviseur allumé en vitrine, de manière à ce que l'écran soit visible depuis l'extérieur : « Monsieur Soland a été un peu embêté le premier samedi, parce qu'il ne pouvait plus regarder son émission… Mais j'avais créé un petit attroupement : dehors, les gens qui passaient devant la vitrine étaient fascinés, pour certains cela s'apparentait à de la magie ! » Rappelons que dans les années 1950, très peu de Français ont la télévision chez eux, et la plupart ne l'ont même jamais vue…

Pour agrandir la surface de vente, une partie de la marchandise est disposée sur le trottoir comme on le faisait pour les vêtements. Le succès ne se fait pas attendre : alors qu'ils ont repris le magasin dans le courant du mois de décembre, les frères Darty vendent à la veille des fêtes de fin d'année autant d'appareils que leur prédécesseur pendant toute l'année…

C'est ainsi que deux des frères Darty, Marcel et Bernard, fidèles au proverbe « Si tu croises la fortune, offre-lui un siège », décident de poursuivre l'activité électrodomestique, tandis que Natan et leur père Henri restent dans la confection.

Le magasin d'électrodomestique est bientôt ouvert même le dimanche. Alors Bernard a cette nouvelle intuition : « J'ai constaté que les clients n'étaient évidemment satisfaits que lorsque le produit qu'ils avaient acheté rendait les services qu'ils attendaient de lui. J'ai souvent été obligé de dépêcher le dépanneur chez les clients très rapidement parce qu'à la porte de Montreuil, les gens avaient le verbe haut et le coup-de-poing facile, or je ne suis pas très costaud ! Quand ils entraient dans le magasin en protestant : “Mon téléviseur ne marche pas et il y a l’émission *36 chandelles* ce soir” alors qu’il y avait d’autres clients dans le magasin, cela faisait mauvais effet. Alors je disais au réparateur, monsieur Trousselard : “Voulez-vous accompagner monsieur ?”, et il prenait aussitôt sa valise de dépannage pour suivre le client, qui était ainsi dépanné la plupart du temps dans l’heure. C’est comme ça qu’est née l’idée du service après-vente et du dépannage même le dimanche. »

Aux débuts de la télévision, la réception des images et le réglage des téléviseurs posent la plupart du temps problème. Il faut généralement dépêcher un poseur d’antenne et bien souvent un technicien. Et le service après-vente est d’autant plus important que les téléviseurs tombent régulièrement en panne. C’est encore un matériel fragile qui fonctionne avec des tensions extrêmement élevées. Le dépannage est habituellement assuré par les fabricants, qui ont leurs propres réseaux de réparation. Mais leur organisation ne permet ni la souplesse ni la réactivité nécessaires pour assurer un service rapide. Ils ne peuvent bien souvent intervenir que plusieurs jours après l’appel du client et sans pouvoir préciser un horaire de passage. Les frères Darty vont révolutionner le service après-vente en proposant aux clients ce que les fabricants eux-mêmes ne sont pas en mesure de leur fournir : un dépannage immédiat, et sept jours sur sept.

« Un téléviseur ce soir chez vous pour 100 francs ! »

À la fin des années 1950, un téléviseur vaut 1 000 nouveaux francs, soit environ deux mois de salaire pour un ouvrier.

Les frères Darty comprennent vite que mettre des téléviseurs en démonstration pour attirer les clients et organiser leur dépannage ne sont pas les seuls atouts pour en vendre le plus possible. Ce qu'il faut, c'est permettre au plus grand nombre de se procurer ce produit qui est encore hors de prix. Sachant que pour obtenir un crédit auprès d'une banque pour l'achat d'un appareil, la loi oblige à un versement comptant de 30 % du montant, les frères Darty ont l'idée, dès 1958, de faciliter à leurs clients ce versement comptant obligatoire, sous forme d'un pré-crédit appelé « location-vente ». Ils proposent à leur clientèle de payer cette somme en trois fois sans frais, soit trois versements de 100 francs. Et le dossier de demande de crédit n'est envoyé qu'après le versement de ces trois échéances.

Un samedi matin, assis sur un tabouret devant la vitrine du magasin, Bernard prend du blanc d'Espagne et inscrit sur la vitre : « Ce soir chez vous pour 100 francs ! » L'un des techniciens de l'époque, Guy Seurot, précise : « Ce n'était pas trop dire : combien de fois ne sommes-nous pas arrivés chez le client avant lui ! », tandis qu'Henriette Boret, la jeune secrétaire, se souvient très bien de l'ambiance des samedis et dimanches au magasin : « Il y avait tellement de monde, c'était une furie ! » Cette option de crédit remporte un grand succès et permet aux ventes de s'envoler. Mais elle impose aussi de gérer les retards de paiement… Henriette Boret s'en charge en gardant un œil vigilant sur les dossiers : « Tant que le comptant n'était pas encaissé, on essayait de récupérer notre argent avant d'envoyer le dossier de crédit. Et parfois c'était un risque : le dossier de crédit revenait non accepté. Face aux retards, on avait un système de lettres de relance, mais j'ai parfois dû aller chercher moi-même l'argent et parfois récupérer le téléviseur, accompagnée d'un livreur…

Mais souvent les gens revenaient, ils disaient : “Non, non, je vais vous payer, ramenez-moi le téléviseur !” »

Comme les frères Darty habitent eux-mêmes les quartiers populaires de l’Est de la capitale, ils sont à l’écoute de leurs clients et à même de comprendre leurs besoins. « Notre stratégie était simplement celle du bon sens : le dépannage rapide, personne ne peut être contre, explique Bernard. L’idée de faciliter le crédit, non plus. Nous avons ainsi permis l’acquisition par les classes populaires de ces produits assez coûteux. »

Les années qui suivent confirment le succès que remporte l’« étrange lucarne », comme la surnomme alors *Le Canard Enchaîné*, tout comme le modèle de vente des frères Darty. L’objectif immédiat poursuivi par Bernard est de se mesurer à la concurrence de proximité : « Je voulais être le meilleur du quartier, et mon concurrent c’était Radionette, rue d’Avron, où j’habitais… » Les volumes de vente s’étoffent et engagent à élargir l’offre commerciale. Assez rapidement, les frères Darty deviennent l’un des premiers revendeurs de téléviseurs de la région parisienne.

Du « brun » au « blanc »

Au début des années 1960, la boutique étend son offre aux produits dits « blancs » : les appareils de cuisine et de chauffage. Mais les frères Darty doivent affronter une organisation du commerce qui est loin de les satisfaire. Marcel y fait allusion dans un magazine des années 1970, *Points de vente* : « À l’époque, il existait des “barons” qui jouissaient d’un véritable monopole. Ainsi, quand nous avons débuté, je pensais que choisir une marque de réfrigérateurs était aussi facile que de pénétrer dans un bureau de tabac pour acheter un paquet de cigarettes. En ouvrant le *Bottin*, la marque Frigidaire m'a immédiatement sauté aux yeux et je me suis rendu sur le stand General Motors au Salon des Arts ménagers du Grand-Palais, où j'ai déclaré tout de go : “J'ai un magasin dans le 20e arrondissement, seriez-vous intéressés par un concessionnaire ?” Ouvrant de grands yeux, la personne qui m'avait reçu m'a simplement répondu : “Mais savez-vous ce que c'est qu'un concessionnaire ?” Chez Frigéco, ce fut le même scénario. J'avais l'air de stupéfier tout le monde. Finalement, j'ai quand même reçu une lettre de General Motors qui m'invitait à poser ma candidature comme démonstrateur, en m'adressant aux Établissement Pommier, concessionnaire exclusif pour les 11e, 12e et 20e arrondissements, c'est-à-dire un territoire relativement important. C'est ainsi que nous sommes devenus démonstrateurs pour le concessionnaire Frigidaire. Nous pensions pouvoir appliquer les mêmes méthodes de commercialisation que pour les téléviseurs (le fractionnement du versement initial). Mais un inspecteur de General Motors nous a passé un véritable savon ! Je me suis fâché et je lui ai dit : “Vous êtes General Motors, c'est très bien, mais je suis maître chez moi ! Si vous n'êtes pas d'accord, je vais mettre les appareils sur le trottoir et le concessionnaire les reprendra.” Ce qui fut fait, mais comme nous commencions à être connus, nous avons aussitôt été contactés par la marque Frigéco qui nous proposait 12 % de commission. J'ai exigé 20 % et les ai obtenus… »

Sans avoir conçu de stratégie particulière mais en cherchant à diversifier leur offre commerciale pour répondre à la demande des clients et garder leur liberté d'action, les frères Darty vont ainsi remettre en question l'organisation même du commerce dans ce secteur d'activité : celle des distributeurs officiels mono-marque.

Un bras de fer avec les fournisseurs

À cette époque, les prix de vente sont encore fixés par le fabricant. Pour se démarquer de la concurrence, il faut donc poursuivre l'initiative prise dans le domaine du service après-vente. Si le volume des ventes est l'indicateur majeur pour l'entreprise, l'intérêt grandissant que lui portent les fournisseurs en est un autre : « Quand le magasin s'est développé, commente Bernard Darty, je ne faisais pas d'étude de marché, ni de statistiques ; j'observais seulement l'intérêt croissant que nous marquaient nos fournisseurs. Il y avait un représentant qui passait de temps en temps, puis il s'est mis à passer plus souvent, et finalement il venait quelquefois avec son chef des ventes. J'ai alors eu le sentiment que nous étions devenus un gros client. »

Les nouvelles méthodes de vente, le dynamisme et l'inventivité des frères Darty permettent à l'entreprise de développer son chiffre d'affaires. Ce qui fait la force de la société est bientôt copié par la concurrence… Pour maintenir et développer ses parts de marché, il lui faut donc sans cesse innover et se montrer plus performante.

Les réfrigérateurs sont, comme les téléviseurs, de nouveaux produits de consommation. Les fabricants et les marques sont nombreux, ce qui laisse de la place à la négociation. Bernard se souvient de ce contexte particulier : « Il y avait quelques petites entreprises qui assemblaient des réfrigérateurs avec des compresseurs en banlieue parisienne. C'était un produit qui leur assurait une rentabilité convenable, même avec une faible production. Comme il y avait de la concurrence, on pouvait négocier. » Et les frères Darty maîtrisent parfaitement l'art de la négociation, ce qui leur permet d'améliorer leurs marges brutes et de financer leur service après-vente, qui les distingue si bien de la concurrence.

Certains fournisseurs, qui ont pris l'habitude d'être les maîtres des prix du marché, voient d'un mauvais œil les méthodes de ce distributeur qui se développe à grande vitesse et remet en cause leur puissance en les amenant à modifier leur politique commerciale. Ils sont un certain nombre à refuser d'approvisionner le magasin des frères Darty. « Le fait que nous souhaitions absolument assurer le SAV, c'était fondamental pour nous, explique Bernard. Le raisonnement était qu'une bonne partie de la vraie valeur ajoutée d'un distributeur, c'est d'offrir quelque chose de plus : le service en termes de qualité et de rapidité. Mais pour le faire, encore faut-il avoir les pièces détachées. Or, certains ne voulaient pas nous en fournir ! Ça a été le cas de marques secondaires, mais très appréciées du public, comme Lincoln pour les machines à laver. »

Mais la plupart des fournisseurs finissent par accepter ces nouvelles conditions, car l'entreprise Darty est des plus dynamiques et elle paie ses factures au comptant, ce qui est rare… En proposant au fournisseur ce paiement comptant en échange d'un escompte important, Darty joue sa carte maîtresse en termes de négociation. « Souvenez-vous que l'usage était de payer à 60 ou à 90 jours, mais si on réglait à la réception de la facture, on obtenait un escompte de 2 %, souvent 3 %, parfois même 5 %, détaille Bernard. Certains fournisseurs avaient un besoin plus rapide de liquidités. Alors nous avons mis à profit, en quelque sorte, leur manque d'organisation. Certains fournisseurs n'étaient pas en mesure d'émettre leur facture avant la fin du mois. Nous recevions la facture 10 à 15 jours plus tard, et nous la réglions sous quinzaine car le traitement nécessitait plusieurs jours. En définitive, nous bénéficiions de l'escompte pour paiement comptant, tout en réglant 30 à 40 jours après la livraison de la marchandise ! Notre trésorerie était à l'aise grâce à la vitesse de rotation de nos stocks… » La négociation reste une épreuve de force, mais l'instauration d'une réelle relation de confiance, le professionnalisme et le grand sérieux du groupe Darty, sa capacité d'achat et le paiement comptant lui offrent des arguments de poids.

Les affaires marchent bien. On commence à manquer d'espace pour proposer une plus large gamme de produits. Alors on rachète le bail du petit magasin voisin dédié à la chasse et à la pêche, puis celui du « boyau ». Le magasin de la porte de Montreuil s'agrandit d'autant et forme désormais un bloc de vente homogène d'environ 100 m^2. Des bureaux et un atelier de réparation sont installés dans un autre local très proche, qui fait également office de lieu de stockage, rue des Docteurs-Déjerine, tout près de la porte de Montreuil.

Les « années de la porte de Montreuil » sont celles de la formation et de l'apprentissage : le modèle Darty se met en place et s'impose dans le secteur de l'électrodomestique, en parallèle avec les activités de confection toujours menées par Henri et Natan. L'ouverture d'un deuxième magasin d'électrodomestique en 1965, rue de Belleville, va marquer le début d'un développement qui se poursuivra de manière exponentielle…

Le premier magasin Darty, porte de Montreuil, photographié au début des années 1960 après la réunion des quatre boutiques. De gauche à droite : l'ancien magasin de chasse et pêche ; le magasin « Électro Montreuil » (dont on peut imaginer la taille au vu de la longueur de l'enseigne d'origine) ; le « boyau » ; et l'ancien magasin de vêtements. Le matin, tout le gros matériel qui encombrait les allées du magasin était sorti sur le trottoir. Un déplacement facilité par les planches munies de roulettes placées sous chaque appareil. Les jours de marché, les téléviseurs étaient également exposés à l'extérieur.

2

La naissance du modèle Darty

« Autrefois pour faire sa cour, on parlait d'amour… Maintenant c'est plus pareil, ça change, ça change… Viens m'embrasser et je te donnerai un frigidaire » chante Boris Vian dans *La Complainte du progrès* en 1956. On est au cœur des Trente Glorieuses, cette période de forte croissance économique qui a débuté juste après-guerre et marqué un tournant dans les modes de consommation. Une multitude de nouveaux produits fait son apparition sur le marché. Les ménages français ne se contentent désormais plus des achats utilitaires et alimentaires, ils s'intéressent aux objets de confort. Ils étaient 7 % à posséder un réfrigérateur en 1954 ; ils seront 87 % en 1973…

« Un frigidaire, un joli scooter et un atomixer… »

En 1963, EDF lance son opération commerciale nationale « Demandez le compteur bleu pour vivre mieux ! » qui facilite l'accès de tous les usagers à l'énergie électrique. Pendant ce temps, « Moulinex libère la femme » avec ses robots ménagers… Le salaire moyen des salariés augmente et les Français sont de plus en plus nombreux à résider à la périphérie des grands centres urbains. Ils se sont équipés d'une automobile, symbole de leur enrichissement et de leur nouveau mode de vie. Le commerce s'adapte à leurs besoins, avec l'apparition des premiers supermarchés puis des centres commerciaux. La grande distribution vient de faire ses premiers pas…

Huit ans après la reprise de la boutique Électro Montreuil, les frères Darty décident de se développer en ouvrant de nouveaux magasins. Presque une décennie, ce temps peut sembler long rétrospectivement, mais c'est le délai qui leur a semblé nécessaire pour apprendre le métier, découvrir le nouvel environnement commercial, établir de sérieuses relations avec les fournisseurs, constituer des gammes de produits, tester et améliorer leur organisation. Ils ont pris le temps de construire un outil commercial efficace et d'ancrer leur société sur des valeurs auxquelles ils resteront toujours fidèles. Ils ont aussi su le faire savoir à travers des actions publicitaires. Sur les prospectus, affiches et catalogues, Bernard adresse sa promesse à la clientèle : « Moi Darty, je vous garantis que je rembourserai immédiatement toute différence de prix que vous pourriez relever dans le mois qui suit votre achat chez Darty. » Quant au choix disponible dans le magasin, on annonce que c'est « toute la gamme » du fabricant qui est exposée en rayon. Mais ce n'est pas tout. Le « prix net Darty » comprend gratuitement la livraison, la mise en service et le service après-vente, avec une garantie totale pièces, main-d'œuvre et déplacement. Et ceci, même le dimanche.

Le trio gagnant : prix, choix, service

Le prix le plus bas, le plus grand choix, le meilleur service après-vente 7 jours sur 7 : voici le trio gagnant sur lequel tout le développement de l'enseigne Darty va s'appuyer.

Un nouveau petit magasin ouvre en 1965, lui aussi situé à l'Est de la capitale, rue de Belleville. L'étape est importante. « Le plus difficile pour un commerçant, explique Bernard, ce n'est pas d'ouvrir son centième magasin. C'est de doubler son parc de magasins en ouvrant le deuxième. Le pas à faire est considérable parce qu'on délègue le travail à quelqu'un d'autre que soi. Au lieu de diriger à la voix et à la vue, on commence à communiquer avec du 21 x 29,7… »

Si sa surface n'excède pas 25 m^2, en appliquant et en améliorant les pratiques commerciales qui ont déjà fait le succès de la société, ce deuxième magasin connaît un essor rapide même si, à Belleville comme à la porte de Montreuil, la clientèle n'est pas riche et parfois encline au marchandage, une pratique peu compatible avec les techniques de vente Darty. Car si les prix des produits présentés sont parmi les plus bas du marché, ils sont conçus pour être fixes. Un vendeur se souvient : « On nous demandait 20 à 30 % de remise sous le prétexte, totalement imaginaire, qu'on était le cousin d'untel qui connaissait bien le beau-frère de tel autre qui avait acheté un appareil deux ans plus tôt… » 20 % de réduction… Mais en partant de quel chiffre ? Les grands distributeurs accordent peut-être une réduction sur les prix de leur catalogue qui sont à la base volontairement élevés… Tandis que chez Darty, on a choisi une politique continue de prix nets sans remises et sans soldes. Le prix le plus bas, chez Darty c'est toute l'année qu'on le pratique.

Les adieux à la confection

À la même époque, le retour pour une raison fallacieuse d'une grande part des vêtements Darty livrés à un client important à Mulhouse va précipiter la fin de l'activité de confection. « Je crois que le plus mélancolique ou désabusé a été mon père, raconte Bernard. Mes frères et moi-même, nous étions définitivement partis dans l'aventure du commerce électrodomestique... »

Marcel et Bernard ont depuis longtemps abandonné le textile et Natan, âgé de 48 ans, va désormais les rejoindre. En 1966, la famille fait ses adieux aux Vêtements Darty. Le petit local de la rue des Docteurs-Déjerine, qui servait à la fois de bureaux, d'atelier de réparation et de lieu de stockage, devient le siège social de la société d'électrodomestique, et on loue un garage à Bagnolet pour entreposer les marchandises, avec un accès beaucoup plus facile pour les camions de livraison.

Avec l'ouverture du deuxième magasin, le modèle d'organisation façon Darty prend forme. Bernard le compare au modèle d'un central téléphonique des années 1970 : le central nécessite un investissement important au départ, mais ensuite chaque poste ajouté ne représente qu'un faible investissement supplémentaire. Qu'un opérateur gère un central avec trente, cinquante ou quatre-vingts extensions, les coûts fixes sont les mêmes. « Eh bien, Darty faisait un peu ça, détaille Bernard. Le central téléphonique, c'était le siège social et administratif rue des Docteurs-Déjerine, le dépôt central de Bagnolet et l'organisation du service après-vente. » Tous les nouveaux points de vente n'entraînent que les frais variables liés à leur fonctionnement et bénéficient de la structure déjà en place, générant des économies d'échelle.

Un troisième magasin ouvre ainsi rapidement, en 1966, à Champigny dans le Val-de-Marne. Avec ses 255 m^2, il offre la plus grande surface spécialisée dans l'électroménager et la radiotélévision en région parisienne.

Les frères Darty confient la gestion de ces deux nouveaux points de vente à des membres de la famille. « J'ai demandé à mon beau-père, qui atteignait l'âge de la retraite, de tenir la caisse rue de Belleville, explique Bernard. Il était caissier-concierge, comme il disait lui-même ! Hélène, la femme de Natan, a pris la direction du magasin de Champigny. » Les frères Darty restent très investis dans la gestion des différents établissements, et ils recrutent de plus en plus… « J'avais lu dans *Le Parisien* que Darty cherchait une secrétaire comptable, raconte Chantal Beaumont. Je connaissais Darty car mon oncle avait acheté son costume chez eux pour son mariage. Je suis rentrée en 1967 au siège, rue des Docteurs-Déjerine. À l'époque, il y avait 57 salariés, répartis dans les bureaux du siège, la vente dans les trois magasins, la livraison et la réparation. Et nous avions trois patrons qui étaient là 7 jours sur 7, pas 24 heures sur 24 mais presque ! »

Si le développement de l'entreprise se poursuit avec succès, les difficultés rencontrées avec certains fournisseurs persistent. Depuis les débuts, les frères Darty ont la volonté d'assurer le service après-vente des marchandises vendues. Avec les prix bas et le meilleur choix, le SAV est la pièce maîtresse de leur dispositif : la valeur ajoutée de leur entreprise de distribution repose essentiellement sur l'étendue et la qualité du service apporté au client. Mais en dépit des démarches entreprises pour expliquer leur stratégie commerciale, les magasins Darty ne sont toujours pas livrés par certaines marques phares de l'électroménager. Malgré ces difficultés, le nombre important de fabricants dans le secteur leur permet de présenter une gamme de produits suffisamment cohérente et homogène.

Henri Darty, qui s'était résigné à contrecœur à mettre fin à l'entreprise de confection qu'il avait créée avec ses fils près de vingt ans auparavant, peut maintenant se rassurer et donner libre cours à sa joie. L'épouse de Bernard, Paulette, se souvient encore des craintes de son beau-père : « Quand il venait à la maison pour déjeuner, il me disait : "Tu crois que ça va durer ?" Il avait l'air de penser : "Est-ce possible, c'est trop beau ! Ça risque d'exploser…" » Henri prend désormais la mesure du succès de ses fils en se rendant d'un magasin à l'autre. « Il passait dans les magasins et distribuait des chewing-gums et des bonbons à tout le monde, continue Paulette. Quand on lui demandait comment il s'appelait, il ouvrait délicatement son veston et il montrait l'étiquette : "Vêtements Darty". Il était tellement fier… »

Avec trois magasins, une soixantaine d'employés, l'émergence de nouveaux services administratifs, le développement du service après-vente et l'augmentation sensible du chiffre d'affaires, des outils de gestion appropriés doivent être utilisés. Les frères Darty font réaliser un audit externe pour mettre en place une gestion adaptée à la nouvelle configuration de l'entreprise. Pendant ce temps, Marcel s'est avisé d'un terrain à Bondy où construire un entrepôt moderne, une véritable plateforme logistique…

3

Changement d'échelle à Bondy

Déjà trois magasins, et l'énergie de voir plus grand encore. En 1967, Bernard part pour les États-Unis, invité par son fournisseur Laden. Une cinquantaine de revendeurs de la marque vont y visiter des magasins et observer l'organisation de la distribution américaine. Ses pratiques, ses prix bas et son vaste choix de marchandises sont bien connus des frères Darty, mais tout est à une autre échelle… La visite de la chaîne de distribution Lechmere à Boston est déterminante pour Bernard : « Là, j'ai eu un grand choc ! Je venais d'entrer dans ce qu'on m'a présenté comme la plus grande surface spécialisée du monde : 500 m^2 d'électroménager et de téléviseurs. J'ai eu l'envie de faire la même chose dès mon retour… »

D'Émile Zola à Étienne Thil

Bernard Darty a été frappé dans sa jeunesse par la lecture d'un livre d'Émile Zola, écrit en 1883 : *Au Bonheur des dames*. Le roman retrace l'histoire d'une jeune vendeuse embauchée dans un grand magasin de prêt-à-porter féminin. « Zola y décrit parfaitement l'avènement du commerce moderne. En le lisant, j'ai eu franchement un choc ! »

L'écrivain s'est lui-même inspiré, pour créer le personnage du propriétaire du magasin, du bien réel Aristide Boucicaut, dont les qualités de stratège commercial et les techniques de vente ont révolutionné le commerce, puisqu'il a inventé le concept de grand magasin en ouvrant *Le Bon Marché*, qui ne vend à l'époque que des vêtements.

Plus tard, deux livres d'Étienne Thil interpellent Bernard: *Combat pour la distribution* et *Les Inventeurs du commerce moderne*, dont la préface est rédigée par Bernardo Trujillo, qui anime à cette époque des séminaires intitulés *Modern Merchandising Methods* («méthodes marchandes modernes»), auxquels plus de 11000 hommes d'affaires internationaux vont assister entre 1956 et 1970. Étienne Thil, mais aussi Paul Dubrule et Gérard Pélisson, qui fonderont plus tard la chaîne d'hôtel Novotel devenue depuis le groupe AccorHotels, accueillent à Dayton les séminaristes français. Parmi eux, Marcel Fournier (Carrefour), Gérard Mulliez (Auchan), Charles et Antoine Guichard (Casino) ou André Essel (Fnac). Si Bernard n'a pas assisté aux séminaires de Bernardo Trujillo, il est fortement influencé par ses enseignements, faits d'exemples concrets et de récits d'aventures commerciales qui posent les fondements du commerce moderne: libre-service, prix bas, parking, animation et publicité dans les points de vente.

En France, Édouard Leclerc est l'un des premiers à utiliser cette nouvelle pratique du commerce: vendre moins cher pour vendre plus. À la même période, Marcel Fournier, qui possède à Annecy un «Grand magasin de nouveautés», s'associe avec les frères Defforey pour créer la marque Carrefour et l'esquisse du premier hypermarché («tout sous un même toit»). Le magasin s'inspire librement des grands principes de Trujillo, «*One stop shopping*»: il s'agit de rassembler sous la même enseigne de nombreuses gammes de produits différents. Peu de temps après, Gérard Mulliez ouvre son premier magasin Auchan dans le Nord. Mais il n'existe pas encore de grande surface spécialisée dans l'électrodomestique… La voie est libre pour les frères Darty, qui seront les premiers à en ouvrir une.

Le plus grand magasin d'électrodomestique de France

Revenir sur les circonstances de l'ouverture des magasins et des entrepôts, c'est aussi dresser le portrait de l'homme qui a porté avec succès cette fonction sur un quart de siècle : Marcel Darty. À l'origine, puisque Natan poursuit les activités textiles avec leur père, Marcel a endossé la responsabilité juridique de la nouvelle activité électrodomestique. Fort de son expérience commerciale et de son incroyable sens de la négociation, il va rapidement, aux côtés de Bernard, développer la jeune société. S'il faut dans un premier temps acheter au meilleur prix et initier de nouvelles règles du jeu avec les fabricants, il faut aussi, après une décennie d'apprentissage, ouvrir de nouveaux espaces de vente et de stockage. Que ce soit pour l'ouverture d'un magasin ou d'un entrepôt, la question immobilière est du ressort de Marcel. La règle d'or du commerce est sans aucun doute celle du choix de l'emplacement et « Monsieur Marcel », comme l'appellent ses collaborateurs, ne l'ignore pas. Il consacre beaucoup de temps à étudier les opportunités et à anticiper pour que Darty soit le premier à s'installer au bon endroit.

Il décide d'acquérir en 1968, à Bondy, un terrain et un dépôt en bordure de la Nationale 3. « Marcel a trouvé un terrain à

Bondy sur lequel il y avait un bâtiment où on stockait de la ferraille, raconte Bernard. Nous l'avons transformé en entrepôt. C'était concomitant avec mon voyage aux États-Unis. Lorsque je suis revenu, je me suis dit : pourquoi ne pas ouvrir aussi, dans le même bâtiment, un grand magasin ? Au lieu de garder toute notre marchandise emballée dans l'entrepôt, on pouvait l'exposer dans un immense espace de vente. L'investissement n'était pas énorme, mais ça changeait tout ! » C'est ainsi que les nouveaux locaux accueillent le dépôt des marchandises, le siège social de la société, l'ensemble des services administratifs rassemblés sur le même site et, avec 400 m^2 de superficie, le plus grand magasin d'électrodomestique de France... Très rapidement, la surface atteindra 800 m^2.

Le magasin et ses aménagements sont conçus pour être fonctionnels : tout en symbolisant la réussite de Darty, l'établissement garde un aspect modeste, loin de l'ostentation des sièges sociaux parisiens. Jean-Claude Carrabin, embauché en 1978 comme contrôleur de gestion, s'en souvient : « Ça faisait marrer, il y avait des journalistes qui disaient : "Le siège de Darty est installé dans des Algecos" en parlant des bâtiments de Bondy. C'est vrai qu'on ne connaissait pas beaucoup le marbre ! » Bernard Fusiller, qui a été engagé comme directeur financier, ajoute : « On était quand même un distributeur de banlieue. Ce n'est pas péjoratif, loin de là, mais je sais que cela faisait sourire certains copains de Sup de Co qui étaient partis dans des groupes prestigieux... »

Suivant les préceptes de Bernardo Trujillo, le magasin offre le plus grand choix d'appareils électrodomestiques jamais proposé dans ce secteur d'activité, aux meilleurs prix du marché. Le site est pourvu d'un vaste parking pour accueillir les acheteurs. Le fronton du magasin, éclairé par les enseignes des plus grandes marques, révèle dès l'extérieur la présence d'un très grand choix de produits. En entrant, le client aperçoit les ateliers et le dépôt situés à l'arrière. L'aménagement du magasin comprend les ateliers du service après-vente, complètement vitrés pour que les clients puissent y voir les techniciens, tous habillés de blouses blanches. Il ne s'agit pas d'une mise en scène mais d'un véritable atelier en activité : réparation du petit matériel électroménager, des transistors mais aussi des téléviseurs qui n'ont pu être dépannés au domicile du client. Au fond du couloir, les bureaux de la direction et de l'administratif sont eux-mêmes complètement vitrés pour que chacun puisse percevoir d'un coup d'œil toute l'activité du siège, ce qui produit une belle émulation au sein de l'équipe. Derrière, dans le prolongement du magasin et des services, est aménagée une surface d'entrepôt, avec un étage de stockage et des quais de livraison.

La devanture du magasin de Bondy, première grande surface spécialisée, après son agrandissement au début des années 1970.

L'atelier du service après-vente de Bondy en 1974.

Marcel a toujours le titre de président-directeur général de la société et assure son développement immobilier, tandis que Bernard est responsable de la division TLM (électroménager/télévision) qui représente alors plus des deux tiers de l'activité. Natan participe désormais pleinement à l'entreprise d'électrodomestique en tant que responsable de la division ELA (électroacoustique/mini-ménager). Tout comme Bernard, dans sa catégorie de produits, il supervise les achats mais aussi la fixation des prix de vente. Natan s'entoure de son neveu, Alain Grunberg, fraîchement diplômé d'une école supérieure de commerce, pour structurer le département ELA en l'organisant de façon optimale, notamment en créant les gammes de produits, en veillant au choix des marques, en mettant en place des procédures et en implantant des mètres linéaires dans les magasins. Il recrutera également de nouveaux cadres, dont Robert Piccini et Serge Amiard.

Pour annoncer l'ouverture de ce magasin emblématique, la publicité fait l'objet d'un soin tout particulier. Les nouveaux catalogues reprennent les principes fondateurs de la société : les prix les plus bas, le plus grand choix et le meilleur service avec la mise en avant du dépannage dans la journée, même le dimanche. Et un affichage local attise la curiosité des futurs clients.

Dans la tourmente de mai 1968

En ce début mai de l'année 1968, tout est prévu pour l'ouverture de l'immense magasin de Bondy… « Les catalogues étaient prêts à être distribués, mais nous n'avons pas pu le faire… Nous étions en mai 1968 ! La France a été soudain complètement paralysée… » commente Bernard. Des manifestations lancées par les étudiants aboutissent à la plus importante grève générale qu'ait connue le pays, paralysant pendant plusieurs semaines l'économie. Bernard et Marcel écoutent, inquiets, les informations en espérant un dénouement rapide. Le blocage de l'économie menace d'atteindre leur entreprise… Mais Bernard garde son bon esprit : « Pendant trois ou quatre semaines, j'ai joué à la belote avec les équipes de livreurs désœuvrés ! »

« Monsieur Marcel s'organisait pour que les techniciens qui avaient des voitures viennent nous chercher, comme il n'y avait plus de transports. Il s'était arrangé, je ne sais comment, pour avoir une citerne d'essence. Les gens venaient avec leur bidon pour le remplir ! », témoigne un ancien employé. Le 25 mai 1968, on dénombre en France près de 9 millions de grévistes. Pendant des semaines, des négociations se tiennent entre gouvernement, patronat et syndicats. Elles aboutiront aux accords de Grenelle : le SMIG et les salaires sont augmentés, accompagnés d'une réduction du temps de travail. Le 30 mai, un grand mouvement regroupant 1 million de personnes met fin aux contestations. Malgré les semaines d'inactivité et de contestation, les nouveaux avantages sociaux ne manquent pas de produire une augmentation substantielle du pouvoir d'achat des salariés… Le jour de l'ouverture, environ quatre semaines après la date prévue, il y a foule devant le magasin de Bondy. Bernard s'y présente à 9 heures du matin pour découvrir qu'une cinquantaine de personnes sont déjà regroupées devant la porte.

Le succès du magasin, qui bénéficie d'un supplément d'activité grâce à l'autorisation d'ouverture le dimanche, est total. Pourtant, dès l'automne 1968, Conforama, qui vend de l'électroménager parmi des rayons de meubles et d'équipement de la maison, s'implante à quelques centaines de mètres… S'appuyant sur les théories de Bernardo Trujillo, Bernard réagit rapidement : « Ils auraient probablement pratiqué l'îlot de perte dans l'océan de profit, l'îlot de perte étant représenté par l'électroménager. Pour faire le poids face à ce concurrent, nous avons construit à côté de notre magasin une surface pouvant accueillir la société Réal, spécialisée dans l'ameublement. » Cette décision sera une réponse efficace à l'offensive du groupe Conforama.

Rendez-vous rue des Frères-Darty

Le magasin de Bondy, devenu siège social du groupe, sera le symbole de sa réussite. L'ouverture de nombreux autres magasins, dont certains dans des quartiers plus chics de la capitale, n'ôtera rien à son prestige : il restera la référence, notamment en termes de culture d'entreprise. Cinquante ans plus tard, le 20 octobre 2017, la municipalité décide même de baptiser une nouvelle rue du nom des Frères-Darty… Un événement relaté dans *Le Parisien*[1] : « Lunettes aux verres fumés orange, veste de costume bleue… Aujourd'hui, la star, c'est lui. Ce vendredi, Bernard Darty, 82 ans, a inauguré la rue des Frères-Darty, entouré de son épouse, de ses enfants et de quelques-uns de ses petits-enfants. Accolée à la place du 11-Novembre-1918, l'allée se situe à quelques minutes à pied seulement du siège social de Darty. Car l'enseigne a une histoire particulière avec la ville. Il y a cinquante ans, les trois frères Darty transféraient leur entrepôt de Bagnolet à Bondy, avant d'y ouvrir, un an plus tard, la première grande surface spécialisée en électroménager de France. “Les seules grandes surfaces spécialisées qui existaient, c'était dans l'alimentation, explique Bernard Darty. Pour l'électroménager, la taille moyenne d'un magasin, c'était entre 50 et 100 m^2.” Une petite révolution, donc, consécutive à un voyage aux États-Unis… »

Le jour de la célébration officielle de cette nouvelle rue, au moment d'en découvrir la plaque, Bernard plaisante : « Vous avez bien fait de le faire maintenant, sans quoi on aurait été en concurrence avec Mbappé ! » *Le Parisien* a effet

1. Capecchi I., « Bondy : une rue pour rendre hommage aux frères Darty », *Le Parisien*, 20 octobre 2017.

titré au mois de mars de la même année : « Kylian Mbappé en Bleu, la fierté de Bondy » pour honorer la réussite du footballeur originaire de la ville. Darty peut quant à lui se vanter d'avoir longtemps été le premier employeur de Seine-Saint-Denis…

Les trois frères Darty réunis (à gauche : Marcel et Bernard, à droite au premier plan : Natan) avec un collaborateur au restaurant d'entreprise de Bondy en 1975.

4

En passant devant les vitrines d'IBM

Un soir de 1964, en quittant l'atelier de confection que tenaient encore son père et son frère Natan, Bernard est passé par la rue Réaumur où la vitrine de la société IBM – installée dans les anciens « Grands magasins Réaumur » – a attiré son attention : « J'ai vu les machines mécanographiques fonctionner, c'était des trieuses de cartes perforées. Ce n'était pas fascinant, mais je me suis informé et j'ai tout de suite commencé à penser aux applications possibles pour notre société… » Un outil de gestion des ventes et des stocks ultra-performant ? Voilà ce qu'il leur faut…

Les petites cartes perforées

Tant qu'on ne vendait que des téléviseurs et des réfrigérateurs dans le petit magasin de la porte de Montreuil, la gestion du stock pouvait se faire à vue. Mais l'augmentation du nombre de références et l'ouverture de nouveaux magasins ont changé la donne. Le recrutement d'un petit-cousin de Marcel Darty, Maurice Ogez, comme chef comptable, a facilité la mise en œuvre d'un système d'information, mais il s'agit de voir plus loin.

Dès 1965, Bernard décide d'utiliser la mécanographie pour faciliter la gestion des ventes et des stocks. On commence par sous-traiter à IBM la perforation des cartes, à partir de listings tapés à la machine qui leur sont fournis. IBM crée à mesure les fiches par produits, ce qui permet en fin de mois d'obtenir un relevé précis des ventes et de l'état des stocks.

À peine deux ans plus tard, l'entreprise choisit de réaliser ce travail en interne et se dote de ses propres perforatrices. Les machines sont installées dans les bureaux de la rue des Docteurs-Déjerine. C'est un système de gestion sophistiqué pour l'époque dont les autres groupes de distribution ne disposent pas encore.

Marcelle Bisson est l'une des premières à se former à l'utilisation des machines : « La société m'a payé des cours pour que je devienne mécanographe-perforatrice. Je me suis rendue rue Réaumur, chez IBM, et j'ai été diplômée ! On s'est mis à faire la comptabilité et les statistiques grâce aux petites fiches que je perforais et qui ensuite étaient traitées chez IBM. » Le travail de saisie de l'opératrice sur la machine électromécanique est des plus minutieux… C'est lui qui sert de base au traitement de toute l'information sur les produits.

Cette organisation assure avec rapidité et précision la gestion comptable de l'entreprise et la tenue du stock, et permet une analyse plus fine de l'activité commerciale. Le croisement des informations donne les moyens d'établir, tous les mois, les marges brutes par marque de produit, par magasin et par vendeur. Un indicateur qui renseigne sur la rentabilité de l'entreprise et les ajustements à apporter. Il facilite aussi le calcul des rémunérations individuelles en tenant compte de l'activité de chacun, afin de récompenser les meilleurs et de stimuler les autres.

Quand les services administratifs sont transférés à Bondy, l'atelier de mécanographie est installé dans une salle où plusieurs opératrices saisissent les informations sur une dizaine de machines. À la même époque, un réseau de téléscripteurs est installé, reliant les magasins au siège social, pour une transmission rapide de l'information et des commandes, ce qui était sans doute unique en Europe. « Dans la salle des télex, à Bondy, il y avait des crépitements comme dans les salles de presse à l'époque, raconte Bernard. Quand vous entendiez les crépitements du samedi, je peux vous dire que c'était une très belle musique ! »

Une machine à perforer utilisée pour la gestion des stocks.

L'outil informatique qui fait des jaloux

Bernard Darty suit avec intérêt les évolutions technologiques, secondé par Bernard Fusiller, qui a déjà accompagné le développement de la mécanographie et va également amorcer celui de l'informatique. En tant que directeur administratif et financier, il a notamment la responsabilité d'un service entier qui gère les informations : « En troisième année de spécialité financière à Sup de Co, j'étais rentré faire une première année de stage chez IBM France. C'est là que j'ai touché du doigt ce qu'était l'informatique à ses débuts. Je n'étais pas informaticien, chacun son métier, mais j'étais capable de programmer… »

Jusque-là, Darty ne possède pas de système interne de traitement des données. On fait appel à un service informatique extérieur qui traite en temps différé la comptabilité et la gestion des stocks. En 1973, alors que l'entreprise a déjà ouvert une dizaine de magasins en région parisienne, les frères Darty font le choix d'équiper leurs services de micro-ordinateurs et de développer des programmes de gestion adaptés à leurs besoins. Afin de recueillir les attentes des différents services, ils lancent une opération nommée « Écho », menée par Roger Deraita, directeur de l'entrepôt, qui est tout sauf informaticien ! Cette enquête doit permettre à la fois de sensibiliser le personnel à l'informatique mais aussi de recenser les besoins : « Bernard Darty m'a confié la mission d'aller visiter tous les services de l'entreprise, de poser des questions aux chefs de service. Il fallait un peu les titiller pour savoir de quelles informations ils souhaitaient disposer pour être plus efficaces. J'ai fait un récapitulatif des besoins de l'entreprise et construit une sorte de grand diagramme qui a servi de matrice au développement de notre système informatique. »

En 1974, Jean-Michel de la Roche, diplômé des Télécoms, informaticien à l'ORTF puis au groupe pétrolier Antar, est recruté comme responsable du service informatique. Après avoir pris connaissance des besoins, rencontré les partenaires de la société IBM et longuement discuté avec Bernard, il s'engage à créer un service informatique digne de ce nom. En attendant sa mise en place, il étudie les résultats de l'opération Écho et les préconisations d'équipement d'IBM : « L'application décrite dans le dossier d'analyse répondait totalement au besoin, mais on voulait transporter 50 tonnes avec même pas une 2 CV… » En tenant compte des travaux déjà établis, il réalise sa propre étude pour anticiper les besoins à venir de l'entreprise. La conclusion qu'il en tire est que Darty doit être autonome dans le traitement de l'information et qu'en conséquence, il doit à la fois s'équiper en matériels et applications adaptés, mais aussi informer et former le personnel. Si l'investissement est important pour l'entreprise et l'engage pour des années, le gain sera autrement plus important à terme. Après d'intenses délibérations, Bernard lui donne le feu vert sans rien perdre du contrôle. En quelques mois, l'effectif du service est multiplié par dix, une trentaine d'informaticiens préparent le déploiement des nouvelles installations aussi bien dans la salle informatique réaménagée que dans l'ensemble des services. « La mise en place d'un outil informatique assez sophistiqué, compte tenu des possibilités qui nous étaient offertes à l'époque, a permis la croissance et le développement de l'entreprise. On pouvait le pressentir à l'époque, même si aujourd'hui cela semble évident de dire que l'informatique est un puissant démultiplicateur des efforts humains», explique Jean-Michel de la Roche.

La mise en place du matériel informatique est primordiale, mais le succès de cette opération d'envergure menée dans les différents services dépend de l'adhésion de tous. Il faut donc sans cesse informer les collaborateurs, qui restent souvent inquiets face à ces innovations. Plusieurs numéros du magazine interne *Inter Darty* s'attachent à démythifier l'ordinateur «qui fait peur» et préparer une certaine proximité avec les outils installés: «On vous l'avait bien dit que ce n'était pas une machine si extraordinaire que ça! L'ordinateur, finalement, c'est un engin "bête et pas méchant" mais qui rend des services considérables…» Il faut également rassurer le personnel sur son avenir professionnel: l'ordinateur ne va-t-il pas remplacer les salariés en effectuant une partie de leurs activités? Les échanges informels ou lors de réunions organisées insistent sur le fait que l'informatisation permet une plus grande efficacité et dote l'entreprise de moyens supplémentaires pour assurer son développement…

Peu à peu, l'information et la formation éteignent les craintes et les réticences du personnel. Le 29 septembre 1975, des terminaux sont mis en service dans les quinze magasins que possède le groupe. La pression est forte car l'enjeu est de taille. Le bilan de la première journée pointe encore le besoin de formation et d'explications claires, mais le personnel du service des commandes, piloté par Jacqueline Smaer, en première ligne de l'opération, se veut confiant et souligne l'intérêt de ce nouvel outil: rapidité, sécurité des informations, diminution des erreurs de traitement… Les problèmes rencontrés sont pourtant bien réels, ils témoignent du temps nécessaire à l'intégration de nouvelles méthodes.

« On a transmis au service achats l'enregistrement d'une commande de 4 000 articles au lieu de 40 ! Deux zéros de trop ! Heureusement, la lecture du listing a permis de rectifier cela dès le lendemain… », détaille Jacqueline.

Désormais, les vendeurs et les gestionnaires des différents magasins peuvent accéder en permanence aux informations qui leur sont nécessaires : date de livraison, quantité disponible, prix, conditions de vente… Échelonnée dans le temps, l'installation de terminaux dans chaque magasin reliés à l'ordinateur central permet d'enregistrer les commandes clients et donc d'actualiser en temps réel l'état des stocks. « À l'époque, j'étais responsable chez KPMG en charge du dossier Promodes, raconte Philippe Molina. Quand je les ai quittés en leur annonçant que je partais chez Darty, ils m'ont déclaré d'un air envieux : "Vous allez travailler avec un outil informatique qui nous fait rêver !" Le meilleur système d'information français… C'était connu dans la profession… »

Au revoir, le bac à cartes

Pour faciliter encore la communication, un outil auxiliaire de l'ordinateur, le « téléphone rouge », est mis en service dans tous les magasins Darty. En saisissant le code de référence d'un produit sur le cadran, le vendeur pose une question à l'ordinateur central qui y répond grâce à une synthèse vocale. Cela permet d'obtenir rapidement une information, comme la disponibilité en stock d'un article, ou bien même d'effectuer sa pré-réservation et de fournir immédiatement une date de livraison. Le téléphone rouge est rapidement devenu célèbre dans les magasins. Il représente à la fois un outil de gestion et un symbole d'avance technologique et de modernité qui impressionne les clients.

En 1976, l'équipe de Jean-Michel de la Roche s'est étoffée, elle comporte une quarantaine de personnes. En quelques années seulement, Darty s'est doté à la fois d'un matériel à la pointe du progrès mais aussi d'un service organisé et opérationnel. Installés à l'étage au-dessus des bureaux, derrière une zone vitrée, dans une salle climatisée, les informaticiens constituent un monde à part. Le personnel les surnomme affectueusement « les poissons-chats ». Plus tard, lorsque pour des questions de sécurité, une deuxième salle informatique rejoindra l'immense entrepôt de Mitry-Mory, ce lieu stratégique et protégé sera à son tour surnommé « le bunker ».

Le déploiement de l'informatique, tout en représentant un enjeu majeur pour la société, reste un saut vers l'inconnu. Jean-Michel de la Roche se souvient avec précision d'une journée mémorable, celle où il a décidé qu'il fallait abandonner les fiches perforées et les bacs à cartes : « Quand j'ai lancé à Bernard “Bon, il faut qu'on abandonne le bac à cartes...” Ah ! Ça a été un grand moment ! Je lui ai dit : “Il faut y aller, on va faire ça un samedi et on met le bac à cartes à la poubelle.” Il m'a répondu : “Vous êtes sûr, Jean-Michel ?” Il m'a posé la question plusieurs fois et j'ai acquiescé chaque fois... Mais ce qu'il n'a pas vu, c'est la peur que j'avais moi aussi ! » Jean-Michel de la Roche n'oubliera pas de sitôt le dicton dont Bernard lui a fait part : « Il y a trois manières de faire faillite : les femmes, le jeu et l'informatique ! » Mais une fois la décision prise, il peut compter sur le soutien total de la direction. Comme le précise Philippe Francès, Darty avait une connaissance aiguë de ses besoins, inscrits dans sa stratégie de développement : « Quand on a fait appel aux informaticiens de chez IBM, ils avaient rarement vu une entreprise où les responsables étaient aussi sûrs d'eux. S'ils commençaient leur phrase par "on va vous dire comment…", on leur répondait : "Non, c'est nous qui allons vous dire ce qu'on veut, sinon ça ne marchera pas." » S'il fallait une preuve supplémentaire de l'avance prise par Darty, ajoutons que Jean-Michel de La Roche a été invité par IBM à New York pour animer une conférence, dans laquelle il a présenté aux distributeurs américains le système qu'il avait mis au point.

En 1978, les caisses des magasins sont reliées à l'ordinateur central. Avant, les caissières devaient vérifier manuellement l'exactitude des comptes transmis au service de la trésorerie. Désormais, le contrôle de la caisse se fait chaque soir automatiquement. En cas d'erreur de saisie d'un prix, la caisse le signale. Afin de récompenser la qualité du travail dans le cadre des nouvelles procédures, une prime quotidienne est versée si la caisse est juste, une autre, mensuelle, si les chèques sont bien libellés.

En 1979, la société fait l'acquisition d'un nouvel ordinateur quatre fois plus puissant que le précédent, que Jean-Michel de la Roche décrit avec jubilation : « Avant nous roulions sur une nationale qui, tous les soirs, notamment le vendredi et le samedi, connaissait de formidables embouteillages. Maintenant nous disposons d'une autoroute à trois voies ! » Tous les deux ou trois ans, les ordinateurs centraux de Bondy sont renouvelés afin d'adapter la puissance informatique à une activité toujours plus grande. Les progrès informatiques de la société suivent son propre développement commercial mais aussi les avancées technologiques. « La machine libère-t-elle l'homme ? Chez Darty on pense qu'elle y contribue » écrit le rédacteur de l'*Inter Darty* au printemps 1982. Au fil des années, l'ensemble des services est informatisé, jusqu'à la livraison et au service après-vente.

Infostore, un laboratoire grandeur nature

En 1983, Darty a même ouvert un magasin spécialisé en matériel informatique, rue de Vaugirard à Paris. Bernard avait le sentiment qu'il y avait là un marché à prendre et il s'est donné les moyens de tester son intuition. Le magasin, Infostore, est à la fois un lieu de vente mais aussi une sorte de laboratoire grandeur nature qui doit permettre de tester la clientèle professionnelle ou grand public pour mieux connaître ses aspirations et ses choix. Il propose une centaine de marques en informatique, bureautique et péritéléphonie. Mais si l'idée est porteuse, en ce début des années 1980 qui donnent le jour à la micro-informatique familiale, le résultat commercial n'est pas au rendez-vous. Jean-Michel de la Roche, qui est en charge de ce magasin pilote, reconnaît qu'il n'était peut-être pas non plus l'homme de la situation, car s'il était très au fait des matériels informatiques, il n'était sans doute pas un commercial chevronné… Au reste, certains fournisseurs sont réticents à vendre leurs produits chez Darty. Ils exigent un certain standing de magasin et rechignent à approvisionner l'enseigne en pièces détachées pour assurer le SAV. Après quelques années d'activité, l'expérience est arrêtée. Mais Infostore aura été un bon moyen de connaître les attentes de la clientèle en matière d'informatique, et cet enseignement sera mis à profit dans les rayons dédiés des points de vente Darty.

5

Darty persiste et signe, ou le Contrat de Confiance

Si, dès le début des années 1970, la stratégie Darty est tout ce qu'il y a de plus limpide – adapter ses contraintes aux besoins de la clientèle et non l'inverse –, il reste à trouver comment formaliser de manière claire cet engagement vis-à-vis des consommateurs… Un jour, Marcel confie à Bernard Fusiller : « Si je vous dis : "OMO est là", vous me répondez : "La saleté s'en va !"[1] Eh bien, j'aimerais qu'avec Darty, on puisse répondre quelque chose d'aussi fort… »

À la recherche d'une définition concise de l'offre Darty

Pendant les réunions de communication qui s'installent chaque mardi comme un rituel dans le bureau de Bernard à Bondy, on se met à plancher sur une formulation qui pourrait synthétiser les atouts de l'offre. L'idée est de pouvoir l'utiliser pour les premières publicités radiophoniques qui réclament un message fort et concis. Jacques Fort, chef de publicité chez Havas Conseil et son acolyte Pierre

1. Slogan de la marque de produits ménagers OMO en 1952.

Moutarde, rédacteur-concepteur, se creusent les méninges sur la «formule» qui témoignerait de l'ambition de la société mais aussi de ce qui la différencie. On met à plat tout ce qui caractérise Darty depuis le début. Tout ce sur quoi l'entreprise a déjà communiqué. Le plus bas prix, le plus grand choix, le meilleur service... Et l'image de Bernard qui s'engage au nom de Darty sur la première page des catalogues à rembourser la différence. Tous ces engagements, cela ressemble à... un contrat, n'est-ce pas ? Partant de là, on en arrive à la rédaction de sept articles qui déclinent chacune des promesses faites par Darty à sa clientèle. C'est à ce moment qu'émerge l'idée du fameux Contrat de Confiance. «Nous étions plutôt satisfaits, mais il est certain que nous n'imaginions pas le succès que rencontrerait la formule, ni l'avancée extraordinaire en termes de communication et de notoriété pour l'entreprise !» s'enthousiasme Bernard.

C'est ainsi qu'en 1973, le plus important distributeur français spécialisé garantit par écrit les engagements qu'il prend envers les consommateurs. Un message qui deviendra la clé de voûte de l'entreprise et de sa communication. Bien sûr, la qualité du service et le rapport avec la clientèle sont réellement aux fondements de l'enseigne Darty. Mais le Contrat de Confiance, signé par Marcel, le PDG de la société, qui engage ainsi sa responsabilité, fixe désormais noir sur blanc le respect de ces promesses. Ce contrat passé avec le client sera au cœur de toutes les actions engagées par la société, et ceci à tous les maillons de la chaîne, du vendeur au directeur de magasin en passant par le livreur ou l'informaticien.

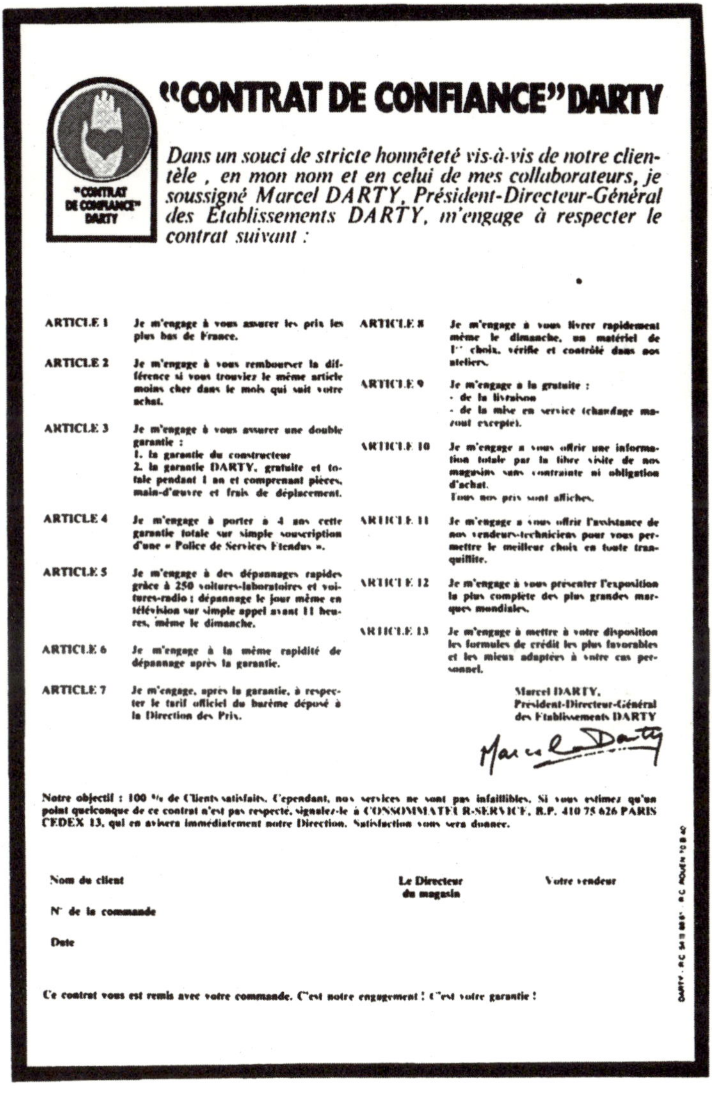

"CONTRAT DE CONFIANCE" DARTY

Dans un souci de stricte honnêteté vis-à-vis de notre clientèle, en mon nom et en celui de mes collaborateurs, je soussigné Marcel DARTY, Président-Directeur-Général des Établissements DARTY, m'engage à respecter le contrat suivant :

ARTICLE 1 Je m'engage à vous assurer les prix les plus bas de France.

ARTICLE 2 Je m'engage à vous rembourser la différence si vous trouviez le même article moins cher dans le mois qui suit votre achat.

ARTICLE 3 Je m'engage à vous assurer une double garantie :
1. la garantie du constructeur
2. la garantie DARTY, gratuite et totale pendant 1 an et comprenant pièces, main-d'œuvre et frais de déplacement.

ARTICLE 4 Je m'engage à porter à 4 ans cette garantie totale sur simple souscription d'une « Police de Services Étendus ».

ARTICLE 5 Je m'engage à des dépannages rapides grâce à 250 voitures-laboratoires et voitures-radio ; dépannage le jour même en télévision sur simple appel avant 11 heures, même le dimanche.

ARTICLE 6 Je m'engage à la même rapidité de dépannage après la garantie.

ARTICLE 7 Je m'engage, après la garantie, à respecter le tarif officiel du barème déposé à la Direction des Prix.

ARTICLE 8 Je m'engage à vous livrer rapidement même le dimanche, un matériel de 1er choix, vérifié et contrôlé dans nos ateliers.

ARTICLE 9 Je m'engage à la gratuité :
- de la livraison
- de la mise en service (chauffage mazout excepté).

ARTICLE 10 Je m'engage à vous offrir une information totale par la libre visite de nos magasins sans contrainte ni obligation d'achat.
Tous nos prix sont affichés.

ARTICLE 11 Je m'engage à vous offrir l'assistance de nos vendeurs-techniciens pour vous permettre le meilleur choix en toute tranquillité.

ARTICLE 12 Je m'engage à vous présenter l'exposition la plus complète des plus grandes marques mondiales.

ARTICLE 13 Je m'engage à mettre à votre disposition les formules de crédit les plus favorables et les mieux adaptées à votre cas personnel.

Marcel DARTY,
Président-Directeur-Général
des Établissements DARTY

Notre objectif : 100 % de Clients satisfaits. Cependant, nos services ne sont pas infaillibles. Si vous estimez qu'un point quelconque de ce contrat n'est pas respecté, signalez-le à CONSOMMATEUR-SERVICE, B.P. 410 75 626 PARIS CEDEX 13, qui en avisera immédiatement notre Direction. Satisfaction vous sera donnée.

Nom du client

N° de la commande

Date

Le Directeur du magasin

Votre vendeur

Ce contrat vous est remis avec votre commande. C'est notre engagement ! C'est votre garantie !

Le premier Contrat de Confiance, remis au client à partir de 1973.

En 1979, tous les collaborateurs signent le Contrat de Confiance.

On a tous signé !

Tandis que la grande distribution s'appuie généralement sur des ventes massives pour gagner des parts de marché, Darty a fait le choix d'une autre politique. Pour se doter d'un avantage concurrentiel, le coup de génie des frères Darty a été de dérober aux fabricants la responsabilité du SAV. Le Contrat de Confiance formalise le socle commun de la philosophie Darty, autour duquel tout le personnel se mobilise. En 1979, ce n'est plus seulement le PDG qui le signe de son nom, mais tous les salariés du groupe. « On a tous signé le Contrat de Confiance. Cela signifiait qu'on s'engageait avec nos patrons. On a signé tous les articles, on était d'accord pour faire le travail nécessaire pour réussir », commente Chantal Beaumont. Grâce au Contrat de Confiance, les objectifs majeurs, parce qu'ils sont clairement et simplement énoncés, sont vraiment connus de tous et appliqués.

Si Darty vous offre le meilleur prix, le meilleur choix et le meilleur service, pourquoi aller chercher ailleurs ? Le Contrat de Confiance, loin de n'être qu'un slogan décliné à l'infini sur les affiches publicitaires, est une promesse que Darty réalise. Elle implique une organisation et une gestion extrêmement rigoureuses. Si une grande autonomie est accordée à chacun, c'est aussi parce que le socle du Contrat de Confiance est une base assez sûre pour leur indiquer les choix à faire. « On savait que le service rendu au client était quasiment sans restriction de dépense, explique un ancien collaborateur. Puisqu'au SAV les réparations devaient être effectuées le plus rapidement possible, avec les bonnes pièces, avec les bons techniciens, on ne rechignait pas à payer de bons techniciens, à avoir un stock de pièces, et on n'hésitait pas non plus à avoir beaucoup de vendeurs dans les magasins. Tout devait prouver au client qu'il faisait un bon achat et qu'il n'aurait pas à le regretter par la suite. On avait la même communication à l'intérieur qu'à l'extérieur de l'entreprise. La charpente, c'était le Contrat de Confiance. Le message était clair : "Voilà ce que nous proposons, voilà ce que nous faisons." »

Au fil des décennies, le Contrat de Confiance restera la pierre angulaire de la stratégie Darty et deviendra l'emblème même de son identité. Travailler chez Darty, c'est de fait y adhérer.

On s'engage… à pratiquer le prix le plus bas

« Les pauvres ont besoin de prix bas et les riches les adorent ! », avait coutume de dire Bernardo Trujillo. Parmi les engagements du Contrat de Confiance, celui du prix est l'objet de toutes les luttes. La grande distribution n'étant pas spécialisée, elle a du mal à rivaliser avec Darty sur le choix et encore moins sur le service qui fonde sa stratégie et sa réputation, mais elle peut le faire par une politique incisive sur les prix, en choisissant les produits électrodomestiques comme produits d'appel. Lorsque Carrefour ou Auchan proposent une machine à laver à prix coûtant, Darty doit s'aligner, quitte parfois à ne dégager aucune marge.

Robert Piccini, ancien responsable des achats, raconte les négociations pour obtenir des tarifs favorables : « Certains fournisseurs refusaient de nous vendre en direct et nous étions obligés de passer par un grossiste. Un jour, je me suis rendu compte que malgré des volumes conséquents, la marque Seb accordait aux hypermarchés des conditions préférentielles. Notre marge était égale à 0 ! J'ai alors entamé une négociation très ferme, allant jusqu'à ne plus acheter certains produits.

Le PDG du groupe Seb a réagi en téléphonant à Bernard Darty pour se plaindre de cette situation. Bernard était très sensible aux relations que nous entretenions avec les fournisseurs, qu'il voyait plus comme des partenaires que comme des adversaires. J'ai eu droit à une remontée de bretelles. Et puis, face à mes arguments, il m'a finalement dit: "Robert, faites comme vous l'entendez et prenez vos responsabilités." Nous ne pouvions pas nous permettre de nous mettre à dos un fournisseur aussi important, mais Bernard n'était pas contre l'idée de prendre des risques. Seb a finalement amélioré nos conditions d'achat… »

Une équipe est régulièrement envoyée chez les concurrents pour y relever les prix des produits. Darty ne fait jamais de promotions mais s'aligne en continu sur celles faites par tel hypermarché ou tel multi-spécialiste. Les prix sont établis au niveau régional, et chaque filiale Darty les pratique sur son propre territoire. Lors d'un voyage aux États-Unis où Bernard a visité différentes chaînes de magasins dont celle des établissements Kennedy & Cohen, alors en tête du secteur électrodomestique, il y a observé une pratique intéressante: Kennedy & Cohen faisait lui aussi valoir le remboursement de la différence, mais il offrait en prime une dinde à toute personne qui trouverait le même produit moins cher ailleurs ! (La dinde étant, aux États-Unis, le mets traditionnel de la fête de Thanksgiving…) À son retour, Bernard s'inspire du concept et l'adapte au marché français. Il choisit un autre symbole, tout aussi inséparable des fêtes et des paris en France: le champagne. Une bouteille offerte si vous trouvez moins cher chez la concurrence ! Le nombre de bouteilles offertes mesure le nombre de fois où Darty manque à sa promesse. Un indicateur qui va quelquefois nourrir la polémique: en 1977, l'association « 50 millions de consommateurs » s'insurge contre « les 12 000 bouteilles de champagne qui prouvent 12 000 fois que Darty ne pratique pas les prix les plus bas de France ». Mais ce nombre doit être comparé aux millions de ventes réalisées dans la trentaine de magasins que compte le groupe cette année-là…

Première publicité créée par l'agence Havas Conseil en 1973.

On s'engage... à vous offrir le plus grand choix

Proposer différents types de produits mais aussi une grande variété de marques, c'est la démarche de base des frères Darty, même si elle va à l'encontre du reste de la distribution de l'époque. Ils l'ont fait en s'affranchissant de la tutelle des fabricants, qui exigeaient une forme d'exclusivité. La compétence des chefs de produits pour construire une gamme et leurs qualités de négociateurs avec les fournisseurs sont des éléments primordiaux pour la réussite financière et commerciale du groupe. La détermination de la marge brute, premier facteur pour assurer la rentabilité de l'entreprise, en dépend complètement. Serge Amiard, qui est alors acheteur au département TLM et deviendra plus tard président du directoire, raconte qu'au moment où la vente des magnétoscopes explose, allant même jusqu'à créer une pénurie, il doit faire preuve d'imagination pour en obtenir : « Il y a eu tout à coup une recrudescence des demandes sur les magnétoscopes Akaï. J'avais négocié avec le patron mille unités à un prix qui me semblait bon, mais je voulais multiplier les quantités. Il m'a répondu : "Je ne peux pas vous vendre pour un plus grand volume au prix que nous avons négocié car maintenant je vends plus cher ailleurs." Alors je lui ai proposé de créer un barème progressif de prix d'achat. Je lui ai dit : "Plus vous m'en vendrez, plus je vous les achèterai cher." »

Le chef de produit fait son choix en consultant des journaux professionnels spécialisés, mais surtout en échangeant régulièrement avec les directeurs des magasins et les vendeurs qui sont en première ligne pour suivre l'évolution des ventes et les goûts des clients. On anticipe au mieux les attentes du client pour disposer des bons produits en rayon. On travaille avec un faible stock en rotation rapide, ce qui permet facilement d'arrêter la commercialisation d'un produit ou d'en introduire un nouveau. Une organisation tout à fait originale pour les pratiques de l'époque, puisque la stratégie des grandes surfaces non spécialisées (les hypermarchés) est axée sur le prix le plus bas, et donc sur un même produit vendu massivement plutôt que sur un large choix. Dans leur département, les produits mis en avant sont bien souvent des produits d'appel qui font l'objet d'un événement marketing. Chez Darty, l'étendue des gammes de produits permet de répondre à l'offensive sur les prix des concurrents. « Je me suis souvent demandé pourquoi Darty a si bien réussi…, commente Jean-François Quenin. En fait, je pense qu'on était en avance sur le plan du concept. On était en avance sur le plan de l'organisation. La centralisation de l'entrepôt a permis une gestion optimale des stocks. Le fait d'avoir un chef de produit par ligne de produits, qui était l'un des meilleurs spécialistes de France, a beaucoup joué. Quand un client arrivait chez Darty et disait : "J'ai vu une machine à laver en promotion chez Carrefour", le vendeur du magasin pouvait lui répondre "Ah bon ?" et pointer du doigt le même modèle dans le magasin Darty : "Celle-là ? À quel prix est-elle là-bas ?" Après vérification, le client était obligé d'admettre : "Bah, au même prix que chez vous !" Le vendeur pouvait alors conclure sa vente en ajoutant : "Et chez nous en plus, il y a le service et la livraison est gratuite !" »

En tant qu'ambassadeurs de la marque auprès de la clientèle, les vendeurs sont au cœur du dispositif Darty. Ils sont formés en continu sur la connaissance du matériel et sur la satisfaction client. L'organisation du magasin, et la signalisation en particulier, jouent aussi un rôle pour faciliter l'accès aux produits. Des informations techniques visibles et précises informent le client. Il n'y a pas de promotions puisque Darty propose le plus bas prix tout au long de l'année, ni de produits vedettes ; les têtes de gondoles sont proscrites et les étiquettes de prix ne se distinguent pas par une mise en valeur particulière.

Dans un premier temps, les accessoires (sacs d'aspirateurs, têtes de rasoirs, cordons électriques, piles...) sont rangés près des produits auxquels ils se rapportent. Leur vente étant subordonnée à l'activité principale, elle est considérée comme un mal nécessaire à faible taux de rentabilité. Mais la satisfaction du client n'est pas complètement assurée, puisqu'il lui est parfois difficile de trouver l'accessoire qu'il recherche. Le service rendu n'est pas à la hauteur des attentes. Bernard décide donc de créer une structure pour ces produits, afin de développer un chiffre d'affaires plus important et d'offrir un meilleur service aux clients : en 1983, la Dacem, société autonome, est fondée. Michel Clément en assure la direction. Cette société a pour objectif l'achat et la vente des accessoires courants pour le compte des magasins Darty et des pièces détachées pour les sociétés de SAV. L'augmentation du nombre de gammes et donc de références incitera Jean-Michel Ravel d'Estienne, qui remplace Michel Clément, à mettre en place au sein des magasins de véritables *corners*, c'est-à-dire des boutiques d'accessoires autonomes, gérées par la Dacem, et qui disposent de leurs propres vendeurs.

On s'engage… à vous assurer le meilleur service

«J'espère que vous n'allez pas me laisser 24 heures sans poste de télévision?» Rien qu'à cette idée, le client frôle la syncope… La raison d'être du service Darty, c'est de lui apporter la réponse qu'il attend: «Toute demande enregistrée avant 10 heures entraîne le dépannage dans la journée même.»

Le meilleur service pour Darty, c'est celui qui se distingue de la concurrence. Quand un produit donné est affiché au même prix ailleurs, cette qualité de service doit faire la différence… Livraison, installation et service après-vente gratuits (pièces, main-d'œuvre et déplacement inclus pendant un an, portés à deux ans quelques années plus tard), c'est plus que ne peuvent en proposer les autres. Une publicité de 1983 montre un couple en train d'attacher péniblement au moyen d'une corde une machine à laver qui dépasse du coffre de sa voiture. «Alors, c'était pas possible de trouver moins cher que chez Darty?» se vante l'homme. «Mais tu y as mis le temps! Et puis dis donc, je te ferais remarquer que 28 francs de moins, c'est même pas l'essence qu'on a payée pour venir jusqu'ici! Et… tu crois que tu vas savoir l'installer?» poursuit la femme. «Dis tout de suite que je suis un imbécile!» «Mais non… T'es un poète…» répond-elle.

Les milliers de camionnettes du SAV qui sillonnent les rues des villes et bientôt les routes de province, ainsi que les camions de livraison qui arborent eux aussi les couleurs et le logo de la marque sont autant de publicités mobiles pour ce service auquel on apporte le plus grand soin.

Une annonce pour le service après-vente dans les années 1970.

6

Une petite camionnette jaune et bleue

« Un jour, un client demande à un vendeur Darty : “Vous me faites une ristourne ? J’ai vu le même appareil à 10 % de moins chez la concurrence.” Le vendeur lui répond : “Écoutez monsieur, il faut aller là où vous vous sentez le mieux. Mais je vais quand même vous poser une question : connaissez-vous notre SAV, les petites voitures Darty ?” “Oui, très bien”, répond le client. Alors le vendeur ajoute : “Pouvez-vous me décrire les voitures du SAV de notre concurrent ?” C’est tout. Le client a signé de suite ! » Cette anecdote rapportée Michel Repiso, ancien directeur général, aurait pu servir de base à un film publicitaire… Elle montre à quel point le service Darty s’impose comme un signe distinctif par rapport à la concurrence.

La vedette du SAV

« Dans le rayon, on avait retourné deux ou trois télévisions pour rendre visible le dos des appareils, raconte Jean-Luc Sélignan. On enlevait le capot et on montrait tout ce qui se trouvait dedans, les circuits électriques et électroniques compliqués, puis on expliquait au client : “Vous voyez tout ce qu’il y a dans un téléviseur, vous voyez tous ces circuits imprimés... Eh bien vous serez garanti sur toutes ces pièces !" »

Les frères Darty sont bien vite passés du service après-vente artisanal assuré dans le petit atelier de la rue des Docteurs-Déjerine à la constitution d'un département complet et autonome. L'une des premières voitures achetées d'occasion dans les années 1960 pour que les techniciens puissent faire leurs tournées, une Juva 4, était d'une vilaine couleur. On a vu avec le carrossier ce qu'il était possible de faire pour arranger ça... Et si on la repeignait en bleu, c'est la couleur préférée de Bernard ? Et si on mettait une touche de jaune, pourquoi pas ? Le carrossier relooke la voiture en dessinant une diagonale pour séparer les deux couleurs. On y ajoute le logo Darty, et c'est parti... Qui aurait cru que l'association de ces deux couleurs, reconnaissable entre toutes, deviendrait l'un des emblèmes de la marque ?

Dès l'ouverture du magasin de Bondy en 1968, la société Darty Service est créée. Elle dispose d'une identité et d'une organisation propres. Non seulement cette autonomie responsabilise les employés du SAV, mais cela permet aussi d'évaluer précisément leurs performances et d'améliorer les process pour plus de productivité. Une fois encore, les frères Darty se distinguent des pratiques en cours dans la distribution. Ils responsabilisent un service spécialisé en lui assignant des objectifs de qualité très exigeants. « Chez Darty, une panne est toujours une urgence » affirment les affiches publicitaires des années 1970. « Il faudrait être braque pour ne pas profiter d'un tel service ! » Plus tard, une publicité montrant l'image de la petite camionnette jaune et bleue annonce qu'elle est « élue voiture de l'année par les grandes marques de téléviseurs ». Cette même camionnette deviendra la vedette de tous les flashs publicitaires diffusés juste avant la page météo de France 2 dans les années 1990. Son apparition suffit à délivrer au spectateur le message souhaité. Nul besoin de commentaires. Tous la reconnaissent et savent à quoi son image renvoie : la disponibilité et l'omniprésence du service après-vente Darty, prêt à se déplacer jusqu'à chez vous, même le dimanche, qu'il vente ou qu'il neige…

Les hommes du SAV ne sont pas de simples techniciens. Ce sont aussi les ambassadeurs de la marque. D'ailleurs Bernard raconte que, pendant de longues années, avant que cela ne soit interdit, il a demandé aux techniciens et aux livreurs de garer le plus souvent possible leur voiture sur les ponts enjambant le périphérique… Quelle publicité gratuite !

La flotte des camions et camionnettes au début des années 1970. On peut constater que le logo Darty n'était pas encore complètement défini.

Une décentralisation judicieuse

Quand, à la fin de l'année 1974, les effets de la crise économique, conséquence du premier choc pétrolier, se font ressentir et que les perspectives de développement sont plus incertaines et cristallisent les tensions commerciales, les frères Darty analysent la situation en notant que l'entrée dans l'ère des économies aura probablement pour conséquence que les clients garderont plus longtemps leurs appareils. Et si les prévisions se confirment, il faut que le SAV, pièce maîtresse de la politique commerciale, soit encore plus performant. L'enseigne possède alors onze magasins en région parisienne et prépare pour l'année suivante l'ouverture de sa première filiale régionale à Lyon. Darty Service innove encore une fois en décidant de décentraliser le SAV. De petites sociétés départementales complètement autonomes sont créées, avec chacune leur zone géographique. Chaque SAV se trouve ainsi plus près de la clientèle, sans être relié nécessairement à la présence d'un point de vente. Les dépanneurs interviennent désormais dans un périmètre proche de leur domicile. La connaissance de leur zone de travail leur apporte un gain de temps énorme. Et cela les responsabilise d'autant plus qu'en cas de retour du matériel à l'atelier, c'est eux qui se rendront à nouveau chez le client. Une prime-qualité, calculée en fonction du pourcentage de retours moyen obtenu par les équipes, incite aux meilleures performances. L'atteinte des objectifs professionnels facilite aussi une évolution rapide au sein de l'entreprise qui est en plein développement.

Le nombre de dépanneurs augmente au rythme du développement de la société, qui ne cesse d'ouvrir de nouveaux magasins. Les milliers de camionnettes jaunes et bleues du SAV, qu'on nomme à Bondy les « actifs circulants » du groupe, sillonnent les rues des villes et les routes de campagne pour aller dépanner les clients à domicile. Elles existent même en modèle réduit, que les salariés (et les fournisseurs ou les clients) gardent sur leur bureau ou offrent à leurs enfants, tout fiers de pouvoir jouer avec le véhicule miniature de papa...

Le logo Darty est maintenant défini et bien visible, même lorsque le client se penche à la fenêtre pour voir qui vient de sonner à la porte…

Déroulez le tapis rouge !

Les chauffeurs-livreurs ont aussi leur rôle à jouer dans l'image de marque. Pour renforcer la notion de qualité du service livraison, une opération « tapis rouge et gants blancs » est organisée… Il s'agit de protéger le sol des appartements et maisons où la livraison est effectuée par un long film plastique rouge, afin d'éviter les salissures et autres rayures que le transport d'une machine à laver ou d'un réfrigérateur peut occasionner. À leur départ, les livreurs laissent les lieux propres et une image forte en termes de souci de qualité.

Les livreurs se montrent au début plutôt réticents à l'idée d'assumer cette nouvelle charge de travail : il leur faut souvent monter plusieurs étages avec les produits achetés, plus une lourde bâche qu'il convient de garder propre ! Mais l'accueil de la clientèle et la reconnaissance de leur attention par le pourboire finit par les convaincre de l'opportunité d'utiliser le symbole du tapis rouge…

La question des pourboires est un secret bien gardé, les montants variant selon les clients et les jours, et personne à la direction ne vient mettre le nez dedans. Didier Beaumont, qui a été chauffeur-livreur, lève une partie du voile : « Je crois que j'ai fait le plus beau métier du monde ! Vous voyez cette cruche sur le meuble du salon ? Quand je rentrais, je mettais là-dedans tous mes pourboires. Quand on invitait des amis à dîner, ils me disaient : "Oh, tu as une belle cruche !" et je leur répondais : "Je te la vends 6000 francs." Ils rigolaient mais dans la cruche, il y avait bien 6000 francs en pièces de 5 ! Ma première voiture neuve, je l'ai achetée uniquement avec mes pourboires. Je vous assure que j'ai gagné beaucoup d'argent comme ça, parce que s'il fallait passer la serpillière, ça ne me gênait pas du tout, ma femme me l'avait appris. Mais j'interdisais quand même à mes collègues de dire à ma femme que je passais la serpillière ! »

Les anecdotes fournies par les livreurs et les techniciens du SAV nourrissent les conversations et le magazine interne relate régulièrement certaines d'entre elles pour les partager avec l'ensemble des salariés. On raconte entre autres l'histoire d'une cliente qui enferma le dépanneur à double tour en lui annonçant : « Je reviendrai dans une heure et vous ne sortirez que si tout va bien ! » Un autre numéro datant des années 1980 fait le récit cocasse d'une tournée de livraison : « Aujourd'hui l'équipe va faire une tournée de "blanc" dans les 9e et 10e arrondissements de Paris. Deux autres clients encore : rue du Faubourg-Saint-Denis où il faut prendre les clés chez le boulanger du coin, avant d'escalader trois niveaux d'un escalier non seulement très étroit mais également mal éclairé. Ça sent la frite, le chou et le couscous. La montée à tâtons est prudente. Il n'y a rien à payer et la boulangère veut bien signer… À livrer encore, boulevard Saint-Denis, un énorme réfrigérateur qu'il faut faire passer au-dessus d'une superbe Mercedes 450, garée devant l'entrée de l'immeuble. Pas de pourboire, c'est un jour sans ! »

Guy-Alexandre Gallon, qui a été responsable du service consommateurs, revient sur l'importance cruciale pour l'image de Darty du comportement de ces employés qui se rendent directement au domicile du client : « Il y avait un esprit "client" chez tous les collaborateurs du SAV et du service livraison. Quand vous allez voir un client à domicile, c'est quand même fabuleux d'arriver avec une bonne image de l'entreprise, mais également de songer à l'image que celui-ci va répercuter à son voisin. Et donc, mes responsabilités à ce niveau étaient la qualité réelle perçue par le client, et non celle décrétée par l'entreprise… »

7

« Vous êtes libre demain ? »

Avec l'ouverture de nouveaux magasins, le développement de la logistique et l'agrandissement de l'entrepôt, le recrutement va bon train. Cooptation, bouche-à-oreille, petites annonces dans le journal : tous les chemins peuvent mener chez Darty, pour peu que l'on soit compétent et prêt à partager les valeurs de l'entreprise familiale. Quant aux plus motivés, il ne tient qu'à eux d'y faire une belle carrière. Pour preuve, Henriette Boret, la première secrétaire engagée, qui restera dans la maison jusqu'à ses 65 ans. « J'étais divorcée et je cherchais du travail quand j'ai vu une petite annonce : un magasin de la porte de Montreuil demandait une secrétaire. Je me suis présentée et je suis tombée sur le comptable du moment, Maurice Ogez, qui m'a embauchée tout de suite. On est montés, car Monsieur Bernard se trouvait au premier. "Tiens, je te présente ta secrétaire !" lui a-t-il dit, et il n'a pas eu à discuter ! » Trente-deux ans d'une carrière heureuse, au cours de laquelle elle accompagne le développement de la société en prenant de plus en plus de responsabilités pour décharger la direction, viennent de débuter pour celle à qui Bernard confie : « Observez tout, vous êtes mes yeux ! »

Darty recrute !

Entré dans l'entreprise en tant que caissier, Roger Deraita est l'exemple même d'une ascension rapide : « J'étais à l'époque directeur d'école. Mais pendant l'été 1968, je me trouvais un peu désœuvré, alors j'ai pris le remplacement d'une caissière chez Darty. Au bout d'un mois Bernard m'a demandé : "Bon, qu'est-ce que vous voulez faire maintenant ?" J'ai répondu que j'allais reprendre mes fonctions. Il a ajouté : "Ça vous dirait de travailler avec moi ?" J'ai expliqué que je n'étais pas vendeur, que je ne connaissais rien aux machines à laver ! Mais il y avait bien d'autres choses à faire… C'était l'embryon du département logistique et je suis devenu le premier responsable du service livraison à Bondy ! » Roger Deraita va bientôt assurer la gestion complète de l'immense entrepôt dont le stock ne cesse de grandir. Rapidement, il se trouve lui-même dans l'obligation d'embaucher. « Je me suis présenté à Bondy. Et là je suis tombé sur monsieur Deraita, qui m'a dit : "Vous n'avez pas peur de porter des colis ?" Je lui ai répondu : "Non, pourquoi ?" Il m'a alors demandé si j'étais libre le lendemain… J'ai démarré comme ça, chauffeur-livreur. » Didier Beaumont sera plus tard nommé responsable d'une plateforme de livraison. Quant à Roger Deraita, il dirigera bientôt le plus grand entrepôt d'Europe dans ce domaine d'activité, employant près de cinq cents personnes.

L'intégration du nouveau personnel est favorisée par la forte culture familiale de l'entreprise. Il y règne une relation de grande proximité, tous se connaissent et partagent l'ambition des frères Darty : se développer et améliorer sans cesse la qualité des services rendus. Au départ, c'est directement Marcel, Natan et Bernard qui se chargent des recrutements.

Aucun profil n'est privilégié par rapport à un autre et d'ailleurs, on ne recrute pas des « types de profil », mais plutôt des personnalités. Le tout est que la greffe prenne au sein de l'entreprise et que la cooptation se fasse en interne par les personnes de même niveau. Il n'y a pas de meilleur juge que les responsables déjà en place.

Avec le développement croissant des points de vente, certains employés issus du rang prennent des responsabilités d'encadrement, mais une des particularités de l'organisation Darty est qu'il n'y a pas à proprement parler d'organigramme. Et il n'y a pas non plus de responsable des ressources humaines. Chaque directeur de service recrute les personnes qu'il juge adéquates et c'est leur bonne intégration dans l'équipe qui valide ce choix. Il n'y a pas besoin de titre ni de statut. C'est sur le terrain que l'on juge l'homme. L'autre particularité est que chacun peut avoir voix au chapitre. Que l'on fasse partie du pôle commercial, financier, logistique ou marketing, chacun est libre de s'exprimer sur tous les aspects de l'entreprise et de se montrer force de proposition, même dans un domaine qui n'est pas spécifiquement le sien. Les frères Darty sont à l'écoute des idées et commentaires qui émanent de n'importe quelle branche de la société, sans aucun cloisonnement entre les services. C'est une force pour l'entreprise et un facteur de motivation pour les collaborateurs, qui se sentent investis et concernés par l'ensemble de la gestion de la société. Cela instaure aussi une harmonie productive entre les différentes fonctions, dont aucune n'a la priorité sur l'autre.

Les battements de cœur de l'entreprise

« Bien souvent, on les voyait remonter leurs bras de chemise et aider les chauffeurs à mettre la marchandise dans les camions. Les frères Darty étaient très proches des employés, je pense que ça a fait leur force », se souvient Marcelle Bisson. Les personnalités des trois frères semblent naturellement complémentaires. Dès le début, les tâches se sont réparties entre eux en fonction des goûts et des prédispositions de chacun. « Bernard, qui a vraiment lancé la famille dans le projet d'électrodomestique, avait une idée à la seconde... C'était le visionnaire, il savait intuitivement comment piloter le développement. Marcel avait le sens de l'immobilier, il avait toujours une ligne qui traînait pour dénicher le meilleur emplacement. Et Natan était un homme de commerce. Il savait négocier, acheter, il connaissait toutes les références de produits... » résume Philippe Molina. Et tous trois, à leur façon, parviennent à diffuser autour d'eux une énergie qui donne envie de s'investir sans compter.

La pierre angulaire de leur politique de recrutement n'est pas le poste à pourvoir mais la place de l'homme dans l'entreprise. Le rapport annuel de l'année 1976 énonce clairement ce principe fondateur : « Notre société sait que les hommes qui la constituent représentent le facteur essentiel de ses résultats et de son développement. Si puissants et importants que soient les moyens financiers ou matériels, ils ne produiront les résultats escomptés que si les hommes qui doivent les mettre en œuvre sont compétents et satisfaits, en un mot bien dans leur entreprise. »

« Marcel était celui qui débarquait vers 19 heures dans votre bureau pour percevoir l'ambiance de l'entreprise, ses problématiques, les urgences à résoudre. Il fait partie des plus grands poseurs de questions que j'ai rencontrés, ce qui est pour moi l'un des tout premiers indicateurs d'intelligence et d'humilité, raconte Robert Piccini. Il était plein de bienveillance… "Alors Piccini, faisait-il avec un petit bruit de bouche inimitable, que pensez-vous de…" Voilà comment commençaient nos discussions. Et Marcel écoutait, posait d'autres questions pour relancer la conversation ou se faire préciser un point. Il aimait son entreprise et les gens qui y travaillaient. Mais n'imaginez pas qu'il se cantonnait aux bureaux ou aux cadres. Les vendeurs, les techniciens et autres chauffeurs-livreurs avaient droit à autant de sollicitude. Il percevait les battements du cœur de l'entreprise comme nul autre. » Alors qu'il est diplômé d'une école supérieure de commerce, Robert Piccini démarre comme ripeur (aide chauffeur-livreur), avant d'occuper successivement les fonctions de directeur de département, directeur général adjoint chargé du commerce pour Darty Paris, directeur général de Darty Nord-Pas-de-Calais puis de Darty Provence-Méditerranée… Un bel exemple de la manière dont on évoluait au sein de l'entreprise, en commençant au plus proche du terrain pour bien la connaître.

Robert Piccini n'est pas le seul à noter la bonté singulière de Marcel, que tous les anciens salariés évoquent avec émotion. Une véritable légende s'est constituée autour de sa personne au sein de l'entreprise et son souci des autres a marqué les esprits et les cœurs. « Un jour, raconte une ancienne collaboratrice, alors qu'il rentrait dans mon service, il me dit : "Qu'est-ce qu'elle a Madame Suzanne, la femme de ménage ? Pourquoi pleure-t-elle ainsi ?" Après s'être informé auprès d'elle et avoir découvert qu'elle avait de gros soucis d'argent pour soigner son mari malade, il lui a dit : "Madame Suzanne, si vous avez un problème de cet ordre-là, vous venez m'en parler !" Marcel traitait tout le monde de la même façon, du plus haut au plus bas de l'échelle. Pas seulement pour donner de l'argent, mais aussi pour aider moralement les gens. »

Le témoignage de Philippe Francès complète le portrait de cet homme simple quoique d'exception, qui fait preuve d'humanisme plus que de paternalisme : « Un jour, il m'a raconté qu'il était entré dans un magasin pour s'acheter quelque chose, et qu'il a vu un gosse retenu par les vigiles. Il est allé voir ce qui se passait : le gamin avait volé des baskets. Il les lui a payées et lui a demandé ce qu'il voulait d'autre… Le gamin l'a regardé, lui a donné un coup de pied dans le tibia et s'en est allé. Alors Marcel m'a dit : "Vous vous rendez compte à quel point il doit être malheureux pour ne pas pouvoir être reconnaissant !" »

Tant que la taille de l'entreprise le lui permet encore, Marcel connaît l'ensemble des employés, il les interpelle par leur prénom et prend des nouvelles de leurs enfants. « Lorsqu'il venait dans mon magasin, Marcel ne manquait pas de saluer tous les vendeurs, raconte Jean-François Quenin. Un jour il me dit : "Jean-François, le vendeur là-bas, qu'est-ce que vous avez fait pour lui donner de l'espoir ?" Ça m'est resté ! Il me rappelait ainsi que j'avais la responsabilité de chacun de mes employés… » Quant à son fils Claude, il se souvient de la manière dont son père l'incitait à l'humilité, alors même que le succès était au rendez-vous : « Il me disait : "Mon fils, on ne peut pas manger avec deux fourchettes !" Je pense que mon père était un homme simple et généreux, vous voyez… »

L'entrée en scène du quatrième frère

L'année 1973 marque le recrutement d'un personnage majeur, que les salariés surnommeront bientôt « le quatrième frère ». Bernard a pris l'habitude de rencontrer ses fournisseurs et de nouer avec eux des relations amicales. C'est ainsi qu'il a sympathisé avec Philippe Francès, jeune directeur commercial de la société Schneider-Laden, une filiale du groupe Philips. Au moment où il cherche une personne qui puisse rapidement comprendre le modèle Darty, une personne de confiance capable d'endosser la lourde responsabilité de dupliquer ce modèle en province, il pressent que Philippe Francès pourrait être l'homme de la situation. L'idée d'une collaboration fait son chemin et, bien que la multinationale Philips lui ait préparé un beau plan de carrière, Philippe Francès décide de rejoindre l'équipe Darty. Nommé directeur du développement chargé de la création des filiales en province, il va rapidement imprimer sa marque dans l'organisation de la société. « Bernard et Philippe faisaient un tandem extraordinaire, chacun sur un registre tout à fait différent, avec des tempéraments diamétralement opposés » confient d'anciens collaborateurs.

Philippe Francès a une façon bien à lui de recruter, en choisissant des personnes d'horizons différents auxquelles il propose une sorte de parcours initiatique dans les différents services de la société. « J'ai engagé des gens qui avaient un bon cursus et je me suis dit que j'allais leur apprendre ce qu'ils ne savaient pas. Ils ont tous démarré dans un magasin. Si je rencontrais un ingénieur des Mines qui n'en avait rien à faire des techniciens, je lui disais : “Au magasin, sinon ce n'est pas la peine de rentrer !” La règle était simple : s'ils sont mauvais en vente ce n'est même pas la peine d'essayer ;

s'ils ne veulent pas le faire c'est qu'ils ne sont pas intéressants. Si l'un d'eux me disait : "Je veux être directeur général d'une filiale mais je ne veux pas être vendeur", on ne le gardait pas. Comme ça, j'ai trouvé des gens qui ont fait le parcours : vendeur, directeur de magasin, directeur des ventes. Quand ils sont arrivés à la direction générale de leur filiale, ils étaient compétents et reconnus comme tels. Vous savez dans *Le Petit Prince*, Antoine de Saint-Exupéry a écrit : "Je suis roi parce que je donne des ordres raisonnables." Cela m'a beaucoup marqué : il faut que les gens soient compétents sinon ça ne fonctionne pas. »

Roger Deraita se souvient avec amusement des recrues diplômées de Sup de Co ou HEC qu'on lui envoie passer une semaine à l'entrepôt. « Une des premières démarches à faire pour l'arrivant, c'était le tour de l'entreprise... Ah, le tour de l'entreprise, c'était sacré ! Le gars se payait une semaine à l'entrepôt, on lui faisait pousser la brouette. Gentiment ! "Bon, bah maintenant tu vas aller en livraison, tu te mets en jean, hein..." Si le type protestait un peu, on lui disait : "Tu portes ou tu portes pas ?" On ne lui confiait pas des tournées trop lourdes, on le mettait avec des gars plutôt bons vivants, qui le taquinaient gentiment. Et il avait aussi droit à ses pourboires ! On mettait en place des séjours comme ça dans les différents services. Pour que le nouveau venu se sente intégré et comprenne un peu mieux ce qui se passait... »

Avant de prendre son poste de chef de produit, Luc Chaumeil, qui deviendra plus tard directeur général de Darty Normandie, se souvient avoir fait pendant trois mois ce parcours d'intégration qui l'a conduit jusqu'à Lyon : « À l'époque, on ne passait pas par une école qui nous formait, non. On faisait un parcours d'intégration dans l'entreprise et pour cela on allait travailler dans les filiales. Moi j'ai fait un peu de livraison, j'accompagnais des techniciens, j'ai également fait un peu de vente. À titre personnel, j'ai dû rester un peu plus de trois mois sur la région lyonnaise où j'ai découvert différents magasins, différentes villes. Vous voyez, on apprenait sur le terrain, et c'est aussi en découvrant la richesse des métiers qu'on découvrait la réalité de la prestation Darty. »

Guy-Alexandre Gallon, qui prendra plus tard en charge la responsabilité du service ressources humaines, met en avant les bénéfices tirés de cette méthode : « Bernard et Philippe ont recruté des gens qui venaient de tous les horizons, et ils se sont assurés qu'ils pouvaient travailler ensemble et que leur collaboration serait profitable à l'entreprise. Le turnover chez Darty était inférieur à 10 %, parce que le recrutement était bien fait. Quand je suis moi-même rentré dans l'entreprise, j'ai commencé par six mois de stage. J'ai été vendeur. J'ai été livreur. J'ai accompagné les techniciens du service après-vente, je suis allé au service administratif, au service financier. Je suis allé partout. Et au bout de ces six mois je pouvais à peu près savoir ce qu'un chauffeur-livreur pensait, le matin, en prenant sa tournée ! Beaucoup de gens recrutés dans les années 1970 qui sont devenus cadres, voire cadres supérieurs ou cadres dirigeants, sont passés par là. »

« Vous êtes chez vous, c'est vous qui voyez… »

Si les cadres dirigeants sont désormais recrutés avec des critères de compétence élevée, Bernard et Philippe ne souhaitent pas tous les tirer du même moule. C'est au contraire dans la variété des parcours, des cultures et des personnalités que l'entreprise s'assure le concours des meilleures compétences et c'est aussi grâce à la richesse des échanges que se développe un modèle singulier et performant. « Les frères Darty ont toujours su distinguer l'importance de l'homme par rapport au diplôme, explique Philippe Molina. S'il y avait l'homme et le diplôme c'était formidable ; s'il y avait le diplôme sans l'homme, ça ne marchait pas. Le personnel était un melting-pot de différentes origines, et chacun travaillait en s'impliquant pour atteindre l'objectif général de l'entreprise tout en respectant les autres. Ils ont évité, par ce biais-là, de créer ce qu'on peut rencontrer dans certaines entreprises : une caste mono-origine. Chez Darty, il y avait des ingénieurs (polytechniciens, centraliens, Mines, etc.), des commerciaux (HEC, Sup de Co, Essec, etc.) et des financiers avec, aussi original que cela puisse paraître, plusieurs experts-comptables, dont je faisais partie. On aurait pu exercer en cabinet, mais non, on était là... ! »

Une fois en poste, les cadres bénéficient d'une autonomie assez exceptionnelle. Le sens de la délégation est particulièrement développé chez Darty. Philippe Molina raconte : « Bernard nous disait : “Vous êtes chez vous.” Il ne donnait jamais d'ordres de type “vous devez faire ça”, mais il conseillait plutôt : “À votre place, je réfléchirais quand même à ça, mais c'est vous qui voyez...” Vous compreniez par là qu'il y avait une bonne idée à creuser. Mais jamais il ne vous aurait ordonné de le faire. Il vous faisait confiance, et vous vous sentiez responsable de vos actes. » Savoir déléguer, faire confiance pour inciter avec habileté à l'excellence, c'est le mode de management dans lequel Bernard et Philippe excellent et qui produit une forte motivation chez les salariés, qui avouent avoir toujours essayé de se dépasser pour être à la hauteur de l'estime qu'on leur accordait.

Un chef d'entreprise peut soit se considérer comme un seigneur qui régit tout par lui-même de façon pyramidale, soit au contraire déléguer en faisant confiance aux gens. C'était l'option choisie chez Darty : engager les bonnes personnes, croire en elles et leur déléguer le pouvoir, tout en contrôlant. Bernard, bien qu'autodidacte, avait parfaitement senti que, dans une entreprise de distribution axée sur le service, il y avait trois fonctions importantes : la fonction commerciale, la fonction logistique – avec des process performants toujours remis en question pour être plus efficaces, pour plus de productivité, mais une productivité sans sueur, une productivité par l'intelligence – et enfin la fonction financière. Et tout ce petit monde devait être considéré à part égale. Tous devaient cohabiter, se respecter et fonctionner ensemble, c'était l'un des critères de réussite. Quelqu'un qui aurait voulu prendre le pouvoir ou se mettre en travers des autres aurait été éjecté naturellement, refoulé par la collectivité.

Déléguer, oui, mais contrôler…

Déléguer ne signifie pas qu'on se désintéresse des résultats de chacun. Bien au contraire. Le contrôle du fonctionnement et des performances se fait de manière extrêmement rigoureuse, avec une gestion très fine et méthodique, d'abord grâce au système d'information qui permet de tout vérifier, les marges comme les ventes par vendeur. Comment obtenir la permanence des profits en ayant les prix les plus bas et le meilleur service ? Les frères Darty veillent à optimiser toutes les procédures et à générer des économies d'échelle chaque fois que possible. Ils cherchent en permanence des voies d'amélioration de la productivité, non pas en remplaçant les gens ou en réduisant leurs effectifs, mais en les incitant à travailler différemment si besoin. Travailler chez Darty, c'est aussi être convaincu que l'on appartient à une entreprise qui met tout en œuvre pour réussir et donc se sentir personnellement investi d'une obligation de résultat vis-à-vis de ses propres objectifs ou de ceux de son service. Quand, chez les concurrents, on trouve des responsables des achats et des responsables des ventes avec des fonctions bien distinctes, chez Darty le chef de produit est responsable à la fois des achats, du stock et des prix de vente. Il a une vision d'ensemble du parcours du produit et en assume la responsabilité de bout en bout. Voilà un exemple parlant de la manière dont les fonctions sont considérées dans l'entreprise.

Dans cette culture de la délégation et de la mise en confiance que l'on appellerait aujourd'hui « *empowerment* », on incite les salariés à se sentir comme des entrepreneurs internes, responsables et autonomes. Une autonomie rendue possible parce qu'un cadre très précis a été mis en place dès le départ : tous les salariés connaissent les valeurs mises en avant par l'enseigne, qui servent de pilier à leurs actions et qui sont formalisées dans le fameux Contrat de Confiance.

Le contrôle se fait également par des points réguliers et des reportings. Quand les filiales en province sont créées, leurs directeurs généraux se rendent tous les mois à Paris pour présenter leurs résultats. Ils ont chacun quarante-cinq minutes pour rapporter ce qui s'est passé chez eux, expliquer les nouvelles idées développées et pourquoi elles ont fonctionné ou non, faire partager leur expérience aux autres.

On attend d'eux qu'ils soient impliqués dans le développement et cherchent par eux-mêmes à innover dans les procédures d'exploitation. La délégation maximale de l'action veut que chacun puisse se sentir le chef de sa propre entreprise.

Il incombe également à chaque cadre dirigeant d'assurer sa relève. « La première qualité de Philippe Francès, c'était le recrutement des cadres dirigeants, ceux qui dépendaient directement de nous et qui étaient maîtres après Dieu dans leur domaine, commente Bernard Darty. C'est envers eux qu'on avait de l'exigence, c'était normal puisqu'on leur confiait le navire. Philippe attendait de ses cadres qu'ils aient eux-mêmes la capacité de s'entourer de personnes de qualité. Comme il disait : "Vous devez engager votre successeur si vous voulez vous-même progresser ou changer d'affectation." » Tout cadre dirigeant se doit ainsi de former quelqu'un qui pourrait à tout moment prendre sa suite. Un critère de motivation très présent dans l'esprit du personnel, qui, au lieu d'avoir peur que son n - 1 prenne sa place, sait que, pour se voir confier une nouvelle mission, il doit avoir sous la main une personne prête à garantir que la fonction qu'il quitte continue d'être correctement assurée.

Une rémunération à parts variables

À l'exigence de résultats, Darty répond par une rémunération qui se situe dans la fourchette haute de celles habituellement attribuées dans le même secteur d'activité. Dès le début de l'aventure électrodomestique, les frères Darty ont souhaité que les salariés soient justement rétribués. Chaque année à deux reprises, l'ensemble des salaires sont revalorisés. À partir de 1975, on met en place un programme visant à l'instauration d'un 13e mois sous la forme d'une prime. Les bons salaires mais aussi les pourboires reçus par les livreurs et la promotion sociale interne visent la juste satisfaction des collaborateurs et encouragent à une exigence accrue en termes de qualité et de performance.

Les salaires comprennent une partie fixe – salaire de base, prime d'ancienneté –, et une part variable sous forme d'intéressements collectifs ou individuels. « À chaque fois que cela a été possible, explique Bernard, nous avons introduit des parties variables importantes dans la rémunération. C'est-à-dire que c'était proportionnel aux résultats de chacun. Cela concernait, notamment, les vendeurs, les livreurs mais également les techniciens des SAV. Qu'ils gagnent plus s'ils avaient fait plus, ou bien fait, cela semblait normal, il n'y avait pas de raison d'en discuter. »

Les systèmes de rémunération variable sont à la fois suffisamment simples pour que les vendeurs, livreurs et techniciens puissent calculer par eux-mêmes leurs primes au jour le jour, et assez perfectionnés pour permettre une pondération des différents critères et des ajustements sur mesure. Ces critères sont de plusieurs ordres : l'atteinte de l'objectif fixé pour l'équipe, la qualité évaluée par le retour des « cartes T » et enfin la productivité notée par le nombre de ventes, de livraisons et de dépannages effectués. Ce mode de rémunération permet une reconnaissance du travail de chacun mais elle est aussi un outil d'évaluation des performances. Il s'agit de mettre en valeur les points positifs autant que les résultats inférieurs aux attentes. En cas de mauvaise évaluation, une formation est proposée au salarié. « Le plus souvent, commente Bernard, l'atteinte de l'objectif qualité permettait de débloquer la prime de productivité. Pas de prime, donc, si la qualité n'était pas atteinte. C'est tout une philosophie ! Les DG de chaque filiale pouvaient adapter ces rémunérations, jouer sur la pondération des différents critères pour développer ici la qualité, là la productivité ou bien encore l'esprit d'équipe. »

Les bilans du matin, les échanges dans le cadre des réunions mensuelles, la formation sont autant d'éléments qui complètent l'analyse des évaluations. Ces variables s'inscrivent dans un ensemble cohérent permettant au salarié d'être reconnu à partir de critères objectifs, transparents et partagés. « On ne peut pas être honnête vis-à-vis des clients si on ne l'est pas vis-à-vis des salariés et réciproquement », rappelle Gérard Basini.

En 1976, bien avant que cela ne soit rendu obligatoire par l'ordonnance de 1982, Darty instaure une cinquième semaine de congés payés pour ses salariés ayant au moins trois ans d'ancienneté, et le groupe entame une politique de diminution de la durée hebdomadaire de travail.

« Attention messieurs, ces dames sont très efficaces ! »

Au début des années 1970, le nombre de femmes actives fait un bond de 14 %. Chez Darty, elles représentent environ 30 % des effectifs et sont encore principalement employées dans les services administratifs. Mais au fil des ans, selon les besoins, les compétences, les expériences et les formations, elles occupent une plus grande variété de postes. Quand, en 1974, une femme est pour la première fois employée à la vente, le rédacteur du magazine interne prévient ses collègues : « Attention messieurs, ces dames sont très efficaces ! » Et celle-ci lance une pique à son entourage : « Vous connaissez beaucoup d'hommes qui manient le fer à repasser chez eux ? » Malgré les obstacles et les préjugés encore très présents dans les mentalités, certaines salariées assument leur désir d'évolution professionnelle et candidatent pour des postes jusqu'alors réservés aux hommes. L'une d'elles, secrétaire dans le SAV où travaille son mari comme technicien frigoriste, ambitionne d'exercer la même profession que lui… Après avoir passé son permis de conduire, convaincu son époux et le directeur du SAV, elle obtient le poste. « Les clients sont surpris de me voir arriver, mais au final ils sont très contents d'avoir affaire à une femme qui est non seulement une professionnelle mais aussi une utilisatrice ! »

La Darty *family*

Comme le disent très souvent les anciens salariés du groupe : « Chez Darty, ou vous restiez six mois, ou vous restiez trente ans. » Les gens qui n'adhèrent pas d'emblée à l'esprit de la maison ne s'intègrent pas et s'en vont bien souvent d'eux-mêmes. Quant aux autres… Il n'est pas rare de retrouver, au hasard des magasins et des services, plusieurs membres d'une même famille. Chez les Letellier, ils étaient huit à travailler pour Darty ! Quant à Marcelle Bisson, c'est aussi pour elle une histoire de famille : « J'ai été engagée comme comptable mécanographe, mon mari était coursier, un de mes fils a travaillé une trentaine d'années chez Darty, ma fille a été embauchée comme extra quand elle était étudiante. Aujourd'hui, j'ai un petit-fils qui travaille au magasin de Beaugrenelle comme magasinier. »

D'autres comme Jean-Yves Picot se qualifient eux-mêmes de « bébés Darty » ! Entré dans l'entreprise à 18 ans comme vacataire, il y a fait toute sa carrière, jusqu'à devenir directeur du magasin de l'avenue des Ternes à Paris…

D'autres encore saluent cette confiance que les dirigeants ont placée dans leurs collaborateurs. C'est le cas de Jean-Luc Sélignan, qui s'étonne encore d'avoir eu la chance d'être nommé directeur général de Darty Nord-Pas-de-Calais alors qu'il n'avait que 27 ans.

L'attachement des salariés à leur entreprise est une preuve de l'ambiance qui y règne. Ils sont nombreux à penser que s'il leur arrive quelque chose, « Darty sera là ». Les ouvertures de nouveaux magasins sont une fête à laquelle tout le personnel participe. Chaque événement fournit le prétexte de se retrouver et s'il y a une vie après le travail, elle se passe aussi régulièrement entre collègues. On célèbre Noël et la Saint-Valentin, on organise le bal du 1er mai puis celui des Catherinettes, on se retrouve pour assurer les journées portes ouvertes à l'entrepôt…

Une « famille élargie », c'est sans doute le terme le plus approprié pour définir la manière dont sont envisagés, chez Darty, les liens qui unissent les salariés à l'entreprise. Une bonne ambiance, une confiance qui attend en retour une forme d'exemplarité, et un esprit d'équipe qui se propage de lui-même des anciens vers les nouveaux venus. Gérard Basini compare Darty à une Formule 1, dont les réglages extraordinairement complexes réclament une précision au millimètre près. À chaque poste, on optimise au maximum les process pour que toute l'équipe soit capable de réaliser en quelques secondes ce qui nécessiterait normalement plusieurs heures… Et cela devient possible parce que chacun, à son poste, est convaincu que si l'on gagne la course, ce sera aussi grâce à lui.

8

Mitry-Mory, « le ventre de Darty »

En 1975, sous l'œil attentif de Roger Deraita, durant trois jours et deux nuits, tous les camions sont mobilisés pour assurer le déménagement de l'entrepôt qui se trouve alors à Tremblay-lès-Gonesse vers celui de la zone industrielle de Mitry-Mory, tout près de l'aéroport Roissy-Charles-de-Gaulle. L'emplacement est judicieux, desservi par voie ferrée et assez grand pour s'adapter à la croissance continue de l'entreprise. Cet immense entrepôt qui centralise les stocks pour tous les magasins de la région Île-de-France est l'une des particularités de l'organisation de la société : un ensemble logistique optimisé qui représente ce que l'on pourrait surnommer, en clin d'œil à Émile Zola, le « ventre de Darty ». C'est là que sont acheminés aussi bien par route que par trains – dont les wagons entrent directement dans l'entrepôt – tous les produits en provenance des fournisseurs. Et c'est aussi de là qu'ils partent pour être livrés à la clientèle. C'est une ruche hyperactive qui travaille dans un incessant va-et-vient de camions et de wagons à charger et décharger…

Une logistique parfaitement pensée

« Le point fort de Darty, analyse Philippe Molina, c'est cette organisation qui générait des économies d'échelle à tous les niveaux :

- des magasins qui sont principalement des vitrines pour les gros produits ;
- un entrepôt central qui réceptionne tous les produits en provenance des fournisseurs et qui livre directement les clients, permettant une totale disponibilité des produits et une gestion de stock idéale en raison de la rapidité de la rotation des stocks ;
- et des SAV décentralisés, spécialisés par types de produits (« blanc » et « brun »), plus proches du domicile de chaque client, et indépendants du magasin ayant effectué la vente. Ce schéma d'organisation ne se retrouvait alors chez aucun concurrent. »

Le fait de réunir en un seul point de stockage les marchandises livrées par les fournisseurs fait gagner quelques pourcentages de marge non négligeables sur les produits. C'est un facteur d'économie aussi bien pour le fabricant que pour le revendeur. Cela libère aussi de l'espace de vente en plus dans les magasins, où l'on ne garde que le stock d'exposition. Quelques exemplaires des petits appareils que les clients emportent directement après achat sont à disposition dans une réserve, mais aucun gros matériel. Toute la marchandise disponible est présentée en rayon, et la zone de vente occupe la majorité des mètres carrés. La centralisation du stockage garantit aussi une plus grande vitesse de rotation des stocks, facilite la gestion et réduit les frais généraux, ce dont profitent ensuite les clients à qui l'on propose les prix les plus bas du marché.

L'organisation logistique de Darty prend ainsi sa forme définitive dans ce gigantesque entrepôt de Mitry-Mory. Avec ses cinq hectares couverts (l'équivalent de dix terrains de football), il est considéré comme le plus vaste entrepôt spécialisé d'Europe. Le site est relié au réseau routier mais aussi ferroviaire par un raccordement à la gare de triage de la zone industrielle. L'entrepôt peut réceptionner jusqu'à sept wagons à la fois. Du côté de l'expédition, des épis ont été installés, composés chacun de cases qui correspondent aux marchandises à livrer par tournée. Cette organisation rend possible le chargement simultané d'une centaine de camions. Chaque jour les « magos », les magasiniers, préparent les livraisons. La surface a permis d'ouvrir de larges allées et de mécaniser en conséquence la manutention de cet ensemble logistique où chacun travaille dans des conditions optimales. Le garage, contrairement à celui de Tremblay, est clair et spacieux et dispose de quatre ponts, d'une aire de graissage et d'une autre de lavage. Si les véhicules doivent être opérationnels, avec l'essor rapide des ventes et en tant que support de la communication de la société, ils doivent aussi être propres. Des services spécifiques s'attachent à couvrir le plus grand nombre de besoins. Un centre d'essai, le « chauffe télé », permet par exemple de tester les téléviseurs, leur fonctionnement et leur réglage.

Le cœur de la ruche

Le service livraison est le cœur de la ruche, lui qui doit assurer, tel un mécanisme d'horlogerie, chaque jour des centaines puis des milliers de livraisons. Il est 8 heures, l'air est un peu frais en ce matin de novembre 1976 mais sûrement plus respirable que lors de la canicule de l'été.

Dans la cafétéria de l'entrepôt, avec café, tartines, beurre et confiture, les livreurs font leur « revue de presse ». On plaisante en échangeant des anecdotes qui pimentent le quotidien et on commente l'actualité. Une nouvelle défraie la chronique : « Gabin est mort », titre *Le Parisien*. Chacun revient sur la vie de l'acteur et ses films cultes quand d'autres, *L'Équipe* en main, s'interrogent sur la préparation de l'équipe de France pour le mondial de 1978 en Argentine. 8 h 30 déjà ! Il est l'heure de pointer sur le grand cahier bleu qui indique les tournées par équipes mais également ceux qui iront en formation ou bien encore ceux qui resteront à quai pour les missions particulières de dernière minute. Bien que polyvalents, les « magos » ont tous une spécialité dans les types de produits. Ils savent, les yeux fermés, où se trouve tel ou tel appareil, telle ou telle référence. Bien plus tard, tout cela sera automatisé dans l'entrepôt, mais pour l'heure, ce sont eux qui s'en chargent.

Au début des années 1980, les 400 chauffeurs-livreurs effectuent 550 000 livraisons à l'année et les techniciens assurent 1 400 000 interventions SAV.

Quelques maux de ventre

Darty livre tous les jours, même le dimanche, et il est parfois difficile de trouver du personnel prêt à sacrifier ce jour de repos traditionnel pour les besoins du service 7 jours sur 7. Malgré l'octroi d'une prime, certains livreurs refusent de travailler le dimanche et pour réaliser la promesse de vente, on doit faire appel à du personnel supplémentaire. Darty propose aussi des aides pour que d'anciens livreurs puissent s'installer à leur compte et continuer à travailler sous contrat pour l'enseigne.

Sur ce territoire de Mitry-Mory, géré par le parti communiste qui a une forte influence sur la CGT, quelques inévitables mouvements de grève viennent troubler l'activité soutenue de l'entrepôt. Au début des années 1980, un chauffeur-livreur oublie ses clés sur son camion dans une cité. Alors qu'il revient de sa livraison, il constate que le camion, empli de marchandises, a disparu. Ce n'est pas la première fois que cela se produit, et pour marquer les esprits, la direction menace le chauffeur de licenciement. Le lendemain matin, certains chauffeurs-livreurs saisissent le prétexte pour déclencher un mouvement de grève et aucun camion ne quitte l'entrepôt. Roger Deraita se souvient d'avoir téléphoné à Bernard qui se trouvait en réunion à Paris. Celui-ci se rend aussitôt sur les lieux : « En arrivant, il a posé sa veste, il est monté debout sur une machine à laver pour se faire entendre de tous, et il a adressé un discours ferme aux grévistes. Il leur a fait comprendre qu'ils devaient reprendre le travail immédiatement et assurer les livraisons du jour s'ils voulaient entamer des négociations. » Avec la promesse d'une concertation à venir, les chauffeurs reprennent aussitôt le travail.

La fibre sociale des frères Darty, partagée par les cadres dirigeants du groupe, et qui se manifeste dans leurs relations avec les salariés, facilite de bons rapports avec les délégués du personnel et les représentants syndicaux. La transparence de la stratégie et des décisions, le souci d'informer permet à tous les acteurs sociaux de comprendre les enjeux de la productivité de l'entreprise. « Les représentants du personnel et les syndicats étaient conscients que, sans productivité, il n'y avait pas à long terme d'entreprise, rappelle Philippe Molina. Ils savaient également que la productivité ce n'était pas vous demander de travailler une heure de plus, c'était se montrer intelligent, trouver des améliorations possibles, affiner les méthodes, et cela en concertation les uns avec les autres. »

Les relations franches avec les syndicats, qui sont autant que possible associés aux projets de réformes, portent leurs fruits. Transparence, honnêteté, les mots ont ici un sens, et on explique les choses avant de chercher à les appliquer. Un gros atout pour l'entreprise, qui ne se trouve pas face à une opposition de principe, mais face à des gens avec lesquels il est habituel de discuter. Il arrive d'ailleurs fréquemment que les représentants syndicaux de Darty prennent position en opposition avec les directives de leur propre fédération… « Avec les syndicats, détaille Philippe Molina, on ne peut pas dire que c'était tous les jours rose. Mais on appréciait qu'ils soient là, qu'on puisse se parler et qu'ils aient, avec le temps, acquis cette confiance, cette volonté de comprendre l'entreprise. Et ça, c'était le bénéfice de longues années de dialogue et de partenariat. »

Un plongeon pour la pause déjeuner

Sur les espaces verts dont dispose le site de Mitry, un complexe sportif comprenant terrains de tennis, volley, basket, pétanque, ping-pong a été créé, dont peuvent profiter les salariés et leurs familles. Mais la vedette des installations est sans doute la piscine. Son inauguration au cours de l'été 1976 est tombée à point nommé, alors que la canicule s'installait sur le pays. Que ce soit pendant la pause déjeuner ou après la journée de travail, les employés de l'entrepôt peuvent y faire quelques longueurs et profiter d'une détente bien méritée. Il est possible d'y pique-niquer en famille pendant le week-end et des cours gratuits de natation sont dispensés aux enfants. Pendant les vacances, des moniteurs et un maître-nageur y animent un centre aéré.

La couverture d'Inter Darty en juillet 1983 : détente en famille à la piscine de l'entrepôt de Mitry-Mory.

En juillet 1977, les portes ouvertes de l'entrepôt sont l'occasion d'une gigantesque fête en plein air où l'on mesure son tir à la pétanque, une brochette grillée ou un verre de vin à la main. Des compétitions de natation s'organisent et l'ambiance bon enfant est au rendez-vous. Un cliché reproduit dans le magazine interne immortalise Bernard Darty en train de s'exercer au chamboule-tout...

Le complexe sportif a donné à certains l'idée d'organiser des équipes de foot, basket ou volley qui participent à des tournois ; en 1976 une course cycliste organisée par le fabriquant Vedette réunit tous les salariés qui ont les mollets assez musclés, et le rallye automobile connaît aussi un grand succès : ils sont 60 pilotes Darty à participer à la première édition de 1975.

Les activités sportives, les voyages, les fêtes de fin d'année et plus largement l'ensemble des initiatives de partage organisées par le très dynamique comité d'entreprise, dont la philosophie est en droite ligne avec celle de la société, favorisent un esprit d'équipe et un fort sentiment d'appartenance. Une fierté communicative qui s'affiche aussi à l'extérieur de l'entreprise.

9

Culture d'entreprise : 100 % de clients satisfaits

« Tu vas apprendre à dire bonjour. C'est la chose la plus importante dans la vie. Si tu dis bien bonjour, t'as fait la moitié du chemin. » Début d'une scène mythique entre Jean-Paul Belmondo et Richard Anconina dans *Itinéraire d'un enfant gâté*[1]. Le vendeur, quel qu'il soit, est en première ligne du contact avec la clientèle. À lui de refléter « l'esprit Darty ». À lui de défendre les atouts de l'entreprise. Mais qu'est-ce au juste que « l'esprit Darty » ? Comment fait-on concrètement pour défendre le prix, le choix, le service ? Que sous-tendent les articles du Contrat de Confiance ? Une grande part de la transmission se fait de l'intérieur, par les anciens qui ont un « vécu Darty », à l'image du vieux lion Belmondo briefant son jeune acolyte. Ainsi, la formation continue, considérée comme capitale chez Darty, est gérée en interne par toute une équipe. Pas de cabinets extérieurs, pas de consultants, chose plutôt rare dans le monde de la grande distribution.

1. Film de Claude Lelouch (1988).

Du vendeur au livreur, l'esprit Darty

Chez Darty, on a toujours veillé à ce que les vendeurs soient en mesure de délivrer un conseil utile sur chaque produit. Au début, tant que le nombre de références reste encore raisonnable, les anciens instruisent naturellement les nouveaux arrivants en leur transmettant leurs connaissances. Mais avec une offre commerciale qui ne cesse de s'étoffer et des produits toujours plus innovants, il devient indispensable d'assurer une formation régulière du personnel. Il faut aussi mettre à plat les techniques de vente pour qu'elles deviennent homogènes.

Jean-Daniel Moreau, qu'on aime à surnommer le « Monsieur Formation » de Darty, raconte comment, avant son arrivée, les vendeurs étaient bien souvent issus de l'univers de la foire. « Comme on le disait pour commenter leurs méthodes : "Ils vous vendaient le paquet d'Ariel et ils vous offraient la machine à laver !" Des techniques de vente assez… musclées ! » Il n'est pas inutile de développer des méthodes plus adaptées… En plus de la connaissance de l'environnement professionnel, les stages abordent les facteurs psychologiques qui entrent en jeu dans la relation à l'autre, que ce soit avec la clientèle ou entre collègues. Les vendeurs participent à des mises en situation pour affiner leurs pratiques : savoir prendre le temps d'écouter le client, ses besoins et ses attentes, argumenter en fonction des motivations d'achat, savoir répondre aux objections et valoriser la vente…

Quand un nouveau magasin ouvre, le personnel recruté reçoit cinq jours de formation. Présentation des participants pour que chacun se connaisse, puis lecture et découverte du Contrat de Confiance, qu'il s'agit de connaître sur le bout des doigts puisqu'il formalise toute la philosophie de l'entreprise. Mais il s'agit surtout de comprendre que le fait d'écrire « Darty vous rembourse la différence » suppose que l'on connaisse les prix de la concurrence. Et comment s'y prend-on ? De la même manière, si l'on promet pour le SAV « une intervention le jour même pour tout appel avant 10 heures », qu'est-ce que cela implique dans la gestion de l'emploi du temps des techniciens ? Hors de question de prendre des engagements qui ne pourront pas être tenus. Ce qui est écrit sur le papier doit être respecté, et tous les maillons de la chaîne ont leur importance dans le respect de cette promesse, sur laquelle repose la force de l'entreprise. Voilà ce que chaque nouvelle recrue Darty doit bien comprendre et intégrer.

Jeux de rôles, bandes dessinées, l'équipe de formation adopte la pédagogie par le jeu pour impliquer les stagiaires. « On avait fait réaliser une bande dessinée qui portait sur les fonctions vente, livraison et mise en service, explique Jean-Daniel Moreau. Pendant la formation, on remettait aux salariés, selon leur profession, la bande dessinée correspondante ; les bulles n'étaient pas remplies, c'était à eux de le faire. Une fois qu'ils l'avaient complétée individuellement, on les incitait à échanger entre eux et à se mettre d'accord sur ce qui était le plus pertinent. » L'équipe de formation a aussi l'idée de s'inspirer des devoirs de vacances. Un cycle de 8 semaines est proposé, avec des leçons et des questions, des « devoirs » à rendre dont on reçoit les « corrections ». Le programme se conclut par une grande soirée au niveau de la filiale, avec un spectacle de magie dont tous les supports sont estampillés Darty ! Après le spectacle, tous ceux qui ont eu la moyenne se voient remettre un diplôme. Pour près d'un tiers des vendeurs, ce diplôme est le premier qu'ils reçoivent de leur vie !

On organise également la formation de formateurs, ou comment apprendre aux directeurs de magasins à former eux-mêmes leurs vendeurs, leurs secrétaires, leurs magasiniers, leurs techniciens… On leur fournit pour cela des outils ludiques pensés par l'équipe de formation. « On avait par exemple fabriqué un jeu de 52 cartes sur Darty, commente Jean-Daniel Moreau. Le principe, c'était que le directeur du magasin, le matin, quand tout le monde était réuni avant l'ouverture, tire une carte, lise la question qui y était posée, et y réponde en concertation avec son équipe. Selon la difficulté de la question, il y avait un nombre de points associés. C'était un support d'animation parmi d'autres. »

Le livreur en gants blancs

De leur côté, les chauffeurs-livreurs n'ont pas toujours eu bonne presse au sein de l'entreprise… Jean Brugier, le chef de groupe du service livraison, ne s'en cache pas dans le magazine interne où il déclare : « Quand j'ai débuté chez Darty, les livreurs avaient mauvaise réputation. Du côté des vendeurs, dans les bureaux, on n'était pas bien vus… Ils disaient qu'on n'était pas sérieux ! » Qu'à cela ne tienne, ils vont bénéficier d'une formation adéquate pour que le service Darty soit exemplaire jusqu'à la livraison du produit. Car le contact avec la clientèle doit être maîtrisé à toutes les étapes. Et les livreurs sont censés installer correctement chaque produit vendu en magasin. Tout cela s'organise à mesure que l'entreprise se développe et des règles sur le bon déroulement des livraisons sont mises au point. Jean Brugier devient responsable de la formation permanente des livreurs. Il accompagne chacun d'eux tour à tour, pour leur inculquer le respect des règles, l'entretien du camion, l'installation du matériel et le sens du contact avec le client. Au moment de déballer le téléviseur de son carton, le livreur enfile des gants blancs… Après le tapis rouge déroulé dans le couloir pour ne pas salir le sol, voilà comment se construit l'image du soin que l'on porte au cadeau que le client vient de se faire en achetant son nouveau téléviseur chez Darty…

Un semi-remorque pour salle de formation

Les stages, principalement organisés à Bondy, concernent un nombre croissant de personnes et du fait des distances, désorganisent parfois l'activité des magasins. Pour répondre à ce problème, on inverse la donne et on n'hésite pas à imaginer une antenne mobile de formation. « C'est comme ça, raconte Jean-Daniel Moreau, qu'on a conçu un semi-remorque intégrant une salle de formation entièrement vitrée, qui pouvait accueillir une quinzaine de personnes ! Elle restait toute la journée sur le site et un animateur dispensait des conseils sur les produits et les techniques de vente. Il y avait même un coin café à l'arrière. On a quand même fait une petite erreur, c'est qu'on avait oublié que les semi-remorques ont l'interdiction de rentrer dans Paris ! On a donc fait tourner l'antenne mobile aux portes de la ville. Elle trouvait un emplacement, se connectait électriquement et c'était parti ! Les vendeurs de la Madeleine prenaient le métro, ce n'était pas catastrophique… » Le programme de formation comprend la projection d'un film de 20 minutes : « À quoi ça sert ?

Comment ça marche ? » dont le sujet porte sur un matériel précis, selon le choix du directeur du magasin, suivi d'un sketch de vente entre un client et un vendeur. Le but étant de provoquer les commentaires de l'assistance.

Mais le coût d'exploitation de cette antenne mobile reste tout de même élevé et quand Darty s'implante en province, elle commence à perdre de son sens. Au bout de trois ans de tournées, ce concept original est abandonné et le semi-remorque est revendu à la gendarmerie, qui a, elle, l'autorisation de le conduire dans Paris !

Le temple des techniciens

Inutile de préciser que les techniciens du SAV doivent savoir réparer tous les produits, que ce soit au domicile du client ou directement dans l'atelier, et cela au fur et à mesure que de nouvelles références entrent en rayon. Dès 1973, le service après-vente centralisé à Bondy dispose d'une grande salle équipée de matériel audiovisuel dédiée à la formation technique. Les employés y sont formés en permanence sur les qualités du matériel, le fonctionnement et les réparations courantes. Un numéro d'*Inter Darty* relate l'ambiance qui y règne : « Des machines à moitié disséquées, des tableaux couverts de petites ampoules multicolores, des fils partout… Quelques tables, des appareils de projection, un magnétophone et, derrière une cloison, au fond de la salle, un bureau, un frigo et des armoires bourrées de schéma. C'est le temple des techniciens du service après-vente. Tous les lundis par roulement, ils y viennent pour s'initier aux mystères des nouvelles machines. En France, un technicien sur deux ne sait pas lire un schéma, ce n'est pas le cas dans notre équipe. Grâce à ces cours nous arrivons à trois résultats, qui ne sont pas négligeables : le client est satisfait d'une réparation rapide et bien faite par un technicien qui n'ignore rien de son métier ; la maison voit son capital confiance auquel elle est très attachée, s'arrondir ; les techniciens enfin, ne sont pas insensibles aux primes attachées au dépassement des quotas réparation/jour… »

Jeu de l'oie pour les cadres !

En 1981, Bernard confie à Jean-Daniel Moreau la création d'un véritable institut de formation. Son objectif est de développer, en faisant intervenir essentiellement les cadres, une dynamique et des programmes de communication, d'information et de formation dans chacune des filiales du groupe. La formation continue doit se faire des cadres vers les agents de maîtrise et des agents de maîtrise vers les vendeurs et magasiniers.

On organise les premiers séminaires dans le château de Rosny-sur-Seine, au cœur d'un magnifique écrin de verdure, qu'on loue pour l'occasion : tous les cadres de Darty ont l'obligation d'y venir, et ce n'est pas négociable ! L'idée maîtresse est aussi la cohésion d'équipe : les séminaires sont multi-régionaux, de manière à ce que les personnels de Marseille rencontrent ceux du Nord, et les parisiens leurs collègues provinciaux. Quant aux nouvelles recrues, un stage « cadres nouveaux arrivants » est prévu spécifiquement pour eux.

Pendant ces séminaires résidentiels qui durent deux ou trois jours, les cadres apprennent ou réapprennent toutes les valeurs Darty. On y fait un tour complet des différentes fonctions de l'entreprise, pour que chacun sache qui fait quoi, pourquoi et comment. Puis on démarre par un jeu conçu par Jean-Daniel Moreau : « Je crois que tout le monde à l'époque a participé au jeu de l'oie ! Les participants se déplaçaient sur les cases par équipes de deux et sur chacune ils tiraient une situation avec des questions liées auxquelles ils devaient répondre. Par exemple : "Présentez-nous l'entrepôt de Mitry-Mory." Le groupe jugeait de la qualité de la réponse et attribuait à l'équipe un certain nombre de jetons en fonction de son évaluation. Évidemment, le but était de recueillir le plus de jetons possibles ! Et l'animateur était là pour compléter les réponses et favoriser les échanges, les commentaires. »

On fait venir à ces séminaires des « grands témoins », dont Bernard Darty ou Philippe Francès bien sûr, mais aussi des directeurs des différents magasins, ou des personnalités un peu plus inattendues… Michel Hidalgo expose ce que signifie pour lui « esprit d'équipe » au travers de son expérience d'entraîneur de l'équipe de France de football, et on invite même… Pascal Légitimus ! Beaucoup de Français ont éclaté de rire devant le sketch dans lequel le comédien des Inconnus s'est déguisé en vendeur Darty, avec sa veste rouge et un argument de vente récité en boucle : « J'ai le même à la maison ! » Sans rancune, et avec humour, on a proposé une interview à l'acteur, enregistrée et diffusée au cours des séminaires, dans laquelle il développe plus avant son opinion sur Darty…

Un séminaire est également organisé deux fois par an pour l'équipe dirigeante. Philippe Francès rappelle à quel point il se sentait là comme en famille : « C'était un moment très agréable, on travaillait beaucoup mais on était heureux d'être ensemble. » Les premiers se font dans la maison de campagne de Bernard, puis quand l'équipe devient plus nombreuse, on privatise de petits hôtels loués pour la circonstance. On y travaille autour de mises en situation qui visent à déclencher chez les cadres dirigeants la mécanique intellectuelle qui leur permettra de prendre les bonnes décisions au bon moment. Par exemple : « Que faudrait-il faire si le chiffre d'affaires marquait une chute de 10 % ? De 20 % ? De 30 % ? Que faudrait-il mettre en place, supprimer, modifier dans les différents services ? Comment fait-on des économies ? » Ces rencontres sont un moment privilégié pour réfléchir ensemble à différents aspects de la stratégie du groupe et en améliorer l'efficacité. Au-delà de la formation technique et commerciale, ce qui est recherché, c'est la participation et l'adhésion de tous les directeurs généraux à la stratégie et à la culture Darty. On aborde des questions concrètes de terrain pour trouver ensemble des idées, des méthodes, partager son expérience, mais on s'aventure aussi sur des voies plus conceptuelles, pour prendre de la hauteur. Il n'y a pas de castes ou de clans, les stratèges d'un côté et les hommes de terrain de l'autre ; tout le monde se met à la même table pour débattre des idées.

Qui dit formation dit information

L'une des premières choses mises en place par le service de Jean-Daniel Moreau a été un journal télévisé sur la vie de Darty, avec des interviews de salariés, des nouvelles fraîches de l'entreprise et de son développement, des focus sur l'actualité de tel ou tel département. Tous les mois, le journal est envoyé en vidéocassette aux nombreux magasins.

De quoi faire vivre l'esprit convivial et collaboratif dans lequel l'entreprise s'inscrit.

La *Lettre de l'Institut*, tirée à 1 000 exemplaires et adressée chaque semaine à tous les services, propose une revue de presse spécialisée de l'environnement économique, les concurrents, les nouveaux produits mis sur le marché. Cette manière d'associer formation et information est assez novatrice : elle apporte au personnel des informations auxquelles il n'aurait pas forcément accès de lui-même. On invente même des modes de communication spectaculaires pour l'époque. Un soir, tous les salariés de Paris Île-de-France sont réunis dans quatre salles de la région parisienne pour assister à une émission télévisée en direct de Mitry-Mory, où l'on a installé un plateau de télévision complet avec la collaboration de France 3. Le directeur général s'y adresse à ses collaborateurs en direct, qui peuvent *via* un standard, lui poser des questions qu'il reçoit avec quelques minutes de différé.

Transmettre les valeurs d'une marque, et surtout ce qu'elles impliquent dans la manière que l'on a de travailler, cela ne se fait pas par magie, comme le lapin qui sort d'un chapeau ! C'est une préoccupation permanente avec pour trame de fond l'objectif de faire prendre conscience à tous qu'à chaque article du Contrat de Confiance, correspond une réalité. De fait, en étudiant le contenu de chacun de ces articles, on peut recomposer toute la structure et l'organisation de la société. On peut y lire son exigence, aussi. Et l'esprit dans lequel elle s'adresse à sa clientèle. À tous les niveaux, chacun doit connaître précisément et personnellement ce qui fait les fondements de l'enseigne, s'y sentir impliqué, et savoir comment appliquer concrètement ces lignes directrices dans son travail quotidien. Tout cela contribue à développer une notion d'appartenance très forte. L'encadrement supérieur de Darty est lui-même complètement investi dans la formation. L'institut de formation dépend de la présidence et non pas de la direction des ressources humaines, ce qui est une singularité par rapport à la plupart des entreprises.

10

Mardi, 17 heures : rendez-vous créatif !

Des rires qui fusent à travers la porte du bureau de Bernard Darty ? On est sans doute un mardi, peu après 17 heures. Il est en train d'écouter les propositions que lui fait l'agence de publicité pour la prochaine campagne. « Les réunions du mardi ? C'était une fête créative ! Il me tardait qu'il soit 17 heures ! Je suis même parfois rentré spécialement des États-Unis pour y assister… » L'enthousiasme d'Alain de Pouzilhac lorsqu'il évoque sa collaboration avec Darty en tant que publicitaire est à l'image de l'ambiance qui régnait dans l'équipe. Bonne humeur, plaisir créatif et liberté d'oser… Les publicités Darty donnent dans tous les registres, se déclinent sur tous les tons, jeux de mots, références et clins d'œil, et le fou rire est le meilleur des verdicts.

Des feuilles de chou dans la forêt

Déjà, quand Darty ne communique encore qu'au travers de catalogues rudimentaires distribués dans les boîtes aux lettres, Bernard s'y met en scène, avec ou sans moustache, la main levée et le sourire aux lèvres pour s'adresser avec sympathie à son public : « Moi Darty, je garantis que je vous rembourserai toute différence de prix… » Les catalogues s'étoffent à mesure du développement des magasins mais leur diffusion, déléguée à une petite société de Montreuil-sous-Bois, laisse à désirer. Un jour, les gendarmes de la brigade de Chantilly frappent à la porte du bureau de Bernard : « On a trouvé des paquets de prospectus Darty dans la forêt de Chantilly... Ces agissements sont passibles d'une amende ! » Bernard demande des explications au directeur commercial de la société de distribution, Pierre Hollard : « J'étais bien embarrassé car je savais par ouï-dire que son équipe était composée, plus ou moins, de voyous. Ils jetaient parfois les dépliants dans les égouts... Là, ils s'en étaient tout simplement débarrassés dans les bois ! Il fallait prendre une décision. Écoutez, pour faire court, j'ai engagé Pierre Hollard ! »

C'est ainsi que Pierre Hollard, homme atypique s'il en est, avec ses gants beurre frais et sa décapotable, rejoint l'entreprise Darty. Il est nommé directeur de la promotion des ventes mais répond, lorsqu'on l'interroge sur ses fonctions : « Je fais tout ce que Monsieur Bernard ne sait pas faire ou ne veut pas faire ! » Avec ses méthodes singulières, son inventivité et son sens de la communication, il se révèle un excellent collaborateur. Il organise de façon quasi militaire des « commandos » de distribution qui quadrillent les quartiers pour y déposer les catalogues et s'occupe de produire les brochures et autres affichages ciblés. Quand on commence à fournir aux clients des sacs en plastique pour emporter leurs achats, il y fait imprimer l'esquisse de ce qui deviendra le logo de la marque : un simple ovale rouge dans lequel le nom de l'entreprise apparaît en lettres capitales. Puis l'ovale se transforme en carré pour s'adapter au nouveau format des sacs et son graphisme évolue par retouches, jusqu'à devenir le logo actuel, qui n'a pas pris une ride en cinquante ans.

Deux hommes derrière un pilier, l'entrée en scène d'Havas Conseil

En 1971, le jour de l'inauguration du nouveau magasin de Pierrefitte, quelques fournisseurs ont été conviés à partager un petit verre de mousseux avec l'équipe. Bernard navigue entre les invités quand il aperçoit, derrière un pilier, deux hommes qu'il ne connaît pas. Renseignements pris, il s'agit de Jacques Hintzy et Jacques Fort, respectivement directeur commercial et chef de publicité chez Havas Conseil. Après avoir échangé quelques mots, ils lui laissent leur carte de visite : « Voilà, si vous avez besoin de nous, on est là… »

Bernard commence par leur confier la création des catalogues, sur lesquels les engagements de Darty sont énumérés dans des « éclatés » au fil des pages : « les prix les plus bas », « le meilleur service », etc. Mais Jacques Fort lui laisse vite entendre qu'il envisage pour Darty une campagne publicitaire beaucoup plus ambitieuse. Réaliser des catalogues et les distribuer coûte cher… Il suggère de les supprimer au profit d'un moyen qui aura un impact beaucoup plus large : la radio.

À l'époque, Darty ne peut pas se permettre de financer de publicité radiophonique, et son message publicitaire n'est d'ailleurs pas assez concis pour une diffusion sur les ondes. Il faut trouver une formule qui synthétise son offre commerciale et ses engagements. C'est ainsi que Bernard Darty et Havas Conseil se penchent sur la formule qui fera mouche : le fameux Contrat de Confiance. Diffuser ce message clair et fort sur les ondes radio est désormais possible. On négocie une diffusion en *floating time*, qui permet un tarif abordable, que Bernard arrive encore à faire baisser à force de persuasion.

La première campagne de publicité nationale est lancée en 1973 sur les ondes d'Europe 1 : « Moins cher que Darty ? Ça s'arrose ! » On y entend le pétillement du champagne que l'on débouche, puis une voix faire ce commentaire : « Seules 45 personnes ont pu apprécier le champagne à la date du 1er octobre… » Les six premières notes du jingle musical conçu par Havas Conseil – la si ré, do dièse si la – le rendent immédiatement populaire et parfaitement identifiable à la marque. Associée à un affichage dans les rues de Paris, cette campagne osée remporte un franc succès. Comme toutes celles qui suivront, elle est axée sur le Contrat de Confiance et ne ment pas sur la réalité. On ne raconte pas d'histoires chez Darty. Ce qui est promis se vérifie. L'objectif n'est pas de survendre les services proposés, mais d'instaurer l'équation : Darty égale confiance. « Il me semble que nous réalisons le Contrat de Confiance depuis toujours, mais la grande différence c'est qu'aujourd'hui nous le faisons savoir » témoigne un salarié dans le magazine interne.

Bernard Brochand, qui a repris le budget Darty chez Havas Conseil et mis Darty sur les rails de la créativité avec une ambition forte, fait interviewer des employés du SAV pour la réalisation d'une autre campagne radio, dans l'idée d'insister sur le fait que tous les salariés Darty signent le Contrat de Confiance. Il cherche dans ces entretiens l'anecdote qui fera le sel de la séquence publicitaire. On entendra ainsi un technicien du SAV annoncer à une cliente : « Bon, il est 18 heures, je dois m'en aller. » Et la dame le supplier : « Mais je suis très embêtée, ma tringle à rideaux est tombée… Est-ce que vous pouvez la remettre ? » Le technicien répond alors poliment : « Oui madame… » Après avoir entendu ces spots radio, certains clients n'hésitent pas à réclamer aux techniciens Darty autre chose que des réparations sur leurs appareils… Une démonstration radicale de la qualité du service !

Toutes les publicités radio suivantes rappellent sans faillir les promesses du Contrat de Confiance : « Si l'on vient dépanner votre téléviseur après quinze jours, c'est vraiment long… Si l'on vient dans la semaine, c'est déjà mieux… Si l'on vient dans les trois jours, ça devient presque sérieux… Si l'on vient le jour même sur simple appel avant 10 heures, vous êtes sûrement client Darty ! »

Pendant ce temps, Pierre Hollard continue d'imaginer des opérations commerciales dont l'impact est phénoménal : « Offrez le cadeau, Darty offre les fleurs » annoncent des affiches à la veille de la fête des mères. Il n'hésite pas à se rendre lui-même à 3 heures du matin au marché de Rungis pour y acheter des milliers de roses. Le dernier week-end du mois de mai 1973, les magasins Darty ne désemplissent pas. « La première fête des mères qu'on a eue à Bondy, ça a été monstrueux comme clientèle ! », s'exclame la secrétaire d'alors, Henriette Boret. L'événement est une opération commerciale de grande envergure, mais c'est aussi un événement festif et joyeux qui rassemble les salariés Darty, fiers de servir une maison où l'on sait mettre les moyens au service d'une stratégie. La fête des mères restera un événement fort renouvelé plusieurs années de suite. En 1974, 19 000 bouquets sont livrés au domicile des clientes et 30 000 roses distribuées dans les magasins…

Au programme, jeux de mots et cocasseries

L'arrivée d'Alain de Pouzilhac, qui reprend le flambeau de Bernard Brochand chez Havas Conseil, apporte un nouveau souffle. L'équipe qu'il chapeaute est constituée d'un concepteur-rédacteur, Pierre Moutarde, et d'un directeur artistique, François Serres. L'un rationnel et posé, l'autre excentrique et décalé, le duo parfait pour donner de l'élan à la communication Darty. Les réunions du mardi sont une partie de plaisir où chacun rebondit sur les idées des autres. Rien n'est interdit, tout est permis, et les séances donnent lieu à de bonnes tranches de rigolade. En s'appuyant sur la pierre angulaire du Contrat de Confiance – prix, choix, service – toutes les variations sont envisageables pour surprendre le public. « Ça se faisait dans la joie, explique Alain de Pouzilhac, et cette volonté de sortir des sentiers battus… Avec Bernard Darty et Philippe Francès, rien n'était impossible, ils nous poussaient de l'avant, ils voulaient être surpris et s'amuser le plus possible. »

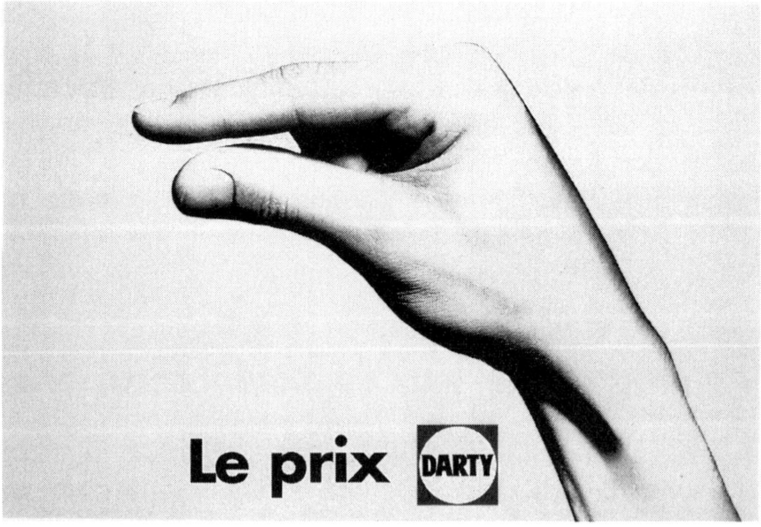

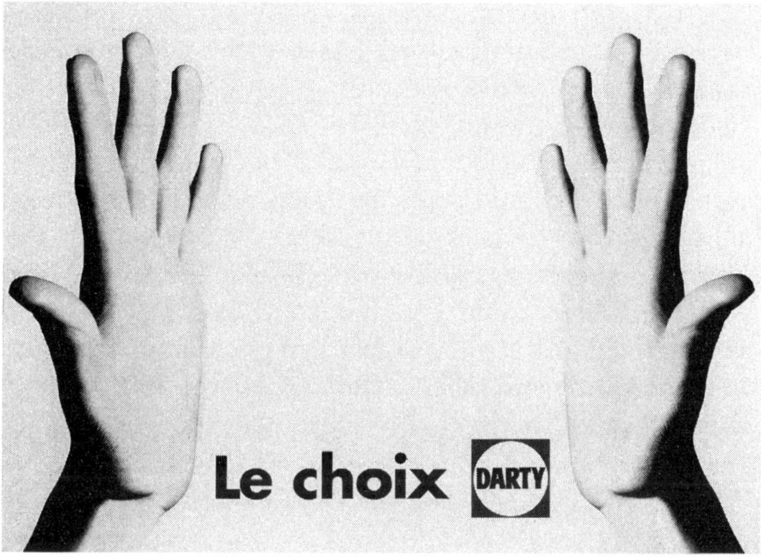

Campagne Darty basée sur le langage des signes.

On invente le « presse-prix », un presse-citron sur lequel apparaît le logo Darty, le « régime de choix » dont toutes les bananes sont étiquetées Darty, et « l'anti-pépin », un quartier de pomme d'où surgit la camionnette du SAV. Des affiches mettent en scène « Charles VII jours sur 7 », « Franchoix Ier » ou « Néfertiprix » ; on y voit la Vénus de Milo s'exclamer : « Quand je vois les prix Darty, les bras m'en tombent ! » ou Galilée observant un globe sur pied dans lequel la Terre a été remplacée par une camionnette du SAV : « Eh oui, M. Galilée, il n'y a pas que la Terre qui tourne 7 jours sur 7 », tandis qu'une dernière affiche annonce : « M. Pasteur ! On a trouvé un vaccin contre la rage des prix. »

Campagne Darty autour de Galilée, Pasteur et Bell.

On surfe sur la mode punk, avec une chevelure rouge taillée au format du logo et le slogan « Je suis revenu de tout, sauf du prix Darty ! » et on s'autorise toutes sortes de blagues potaches, comme un tube de comprimés dont s'écoule une ribambelle de camionnettes miniatures : « Contre l'angoisse des pannes. Le remède : le service après-vente Darty. » Pendant ce temps, Alice au pays des merveilles, assise sous un arbre, entourée de petites camionnettes SAV, leur raconte « Il était une fois une méchante panne… »

Cette créativité débridée va durer de longues années, dans une symbiose exceptionnelle entre Darty et Havas Conseil. « Si quelqu'un était entré dans une réunion sans connaître personne, il n'aurait pas pu distinguer qui était de chez Havas Conseil et qui était de chez Darty, s'enthousiasme Alain de Pouzilhac. Jamais. Parce qu'il y avait une espèce d'osmose entre les équipes qui faisait qu'on pouvait tout envisager ensemble. Il y a très peu de patrons qui s'impliquent de cette manière dans la communication. Bernard et Philippe avaient ce talent. Ils savaient stimuler, relancer sans arrêt… Les tables de la loi contenues dans le Contrat de Confiance étaient une base immuable, mais à partir de ce socle on pouvait s'autoriser la liberté la plus totale. Bernard et Philippe n'avaient absolument pas peur de jouer avec l'image de la marque, et c'est rarissime… »

Les récompenses décernées par les festivals publicitaires pleuvent sur l'équipe : Grand Prix pour l'autobus qui s'excuse « Désolé, je ne passe pas encore chez Darty », et médaille d'or pour la campagne « Vous êtes tiède. Vous brûlez. Vous chauffez. Pour les prix suivez mon regard : Darty ». La même année, en 1981, la campagne d'affichage « Allô Darty, bobo » marque les esprits. Sa parenté avec le tube d'Alain Souchon attire les critiques du chanteur, qui publie une « lettre ouverte » dans *Le Monde*. Avant qu'il n'entame une procédure judiciaire, Havas Conseil négocie une compensation financière qui met fin à l'affaire. L'anecdote témoigne à elle seule de la liberté accordée aux publicitaires, quitte à prendre des risques…

Darty fait son cinéma

La prise de risque, c'est décidément un moteur chez Darty. On ne réfléchit pas seulement à « quoi dire », mais à « comment » et « où » le dire. Et le lieu et la manière sont sans cesse remis en question. Alors, quand quelqu'un évoque l'idée du cinéma, Bernard Darty s'en empare pour ne plus la lâcher. Qu'un distributeur populaire se mette à faire de la publicité au cinéma est pourtant un non-sens pour les théoriciens de la communication ! Le cinéma s'adresse aux jeunes alors que le cœur de cible de Darty, ce sont les 35-60 ans. Mais Bernard adore prendre des décisions à l'encontre du bon sens. La radio et l'affichage fonctionnent bien, certes, mais pourquoi ne pas tenter encore autre chose ? Contre l'avis de tous les frileux, il donne le feu vert à Havas Conseil pour produire des saynètes qui seront diffusées au cinéma. Mais il veille au grain. Il exige que les films publicitaires ne s'éloignent jamais de la réalité du terrain et que les publicitaires se rendent chaque semaine dans un magasin du groupe ou de la concurrence pour observer ce qui s'y passe.

« Chaque mardi, explique Alain de Pouzilhac, il fallait arriver avec des idées nouvelles. Et on ne pouvait pas se rendre à une réunion sans être allés sur le terrain avant, Bernard ne l'aurait pas toléré ! Une ou deux fois par semaine on allait simuler des achats en magasin, chez Darty ou chez la concurrence, Boulanger, Carrefour, Connexion, on observait tout… On appelait cela les *store-checks*. Je me souviens d'un jour où on se trouvait dans un magasin Darty quand on a vu arriver un petit bonhomme avec un vinyle sous le bras… On s'est servis de cette anecdote pour faire un film où le type s'installe dans l'espace hi-fi pour tester son disque de musique militaire sur les 1 000 chaînes du rayon ! » Ce sont les situations de vente, les scènes vécues ou racontées qui servent de base aux slogans ou aux scénarios. Ce que l'entreprise annonce doit pouvoir se vérifier sur le terrain, alors c'est du terrain que remonte ce sur quoi on communique.

Le premier film publicitaire à sortir au cinéma montre un homme qui se prélasse au lit un dimanche matin. Sa femme met de la musique et lui apporte son petit-déjeuner sur un plateau quand le téléphone se met à sonner. Après avoir raccroché, un peu embêté, il annonce : « Une urgence ! » et file dans la rue avec sa tartine à la main. C'est seulement sur la dernière image, où l'on voit l'arrière de la camionnette dans laquelle il vient de démarrer, que l'on comprend qu'il n'est pas médecin mais technicien Darty. « Pour certains hommes, les dimanches sont des jours comme les autres… »

De nombreux metteurs en scène, comme Jean-Jacques Annaud, auront l'occasion de travailler pour le compte de Darty. Mais le plus fidèle collaborateur est Jacques Monnet, qui réalise dix-huit films publicitaires pour la marque. Là non plus, pas de codes, pas de prêt-à-penser. Le réalisateur vient directement présenter ses saynètes aux réunions du mardi : « Bernard Darty avait confiance en nous, nous étions différents de lui et de ses codes, et il l'acceptait, le souhaitait même, il voulait être surpris. Nous écrivions quelques scripts avec l'agence, et je les lui racontais... Pas de story-boards, pas de notes d'intention, que de la création... Pas non plus de réunions de pré-production, de présentation de casting. La confiance absolue. On le revoyait pour lui présenter le film. Je mentirais si je disais que tous les clients se comportaient comme cela... Résultat ? Grand prix de la pub à Venise et plusieurs Lions d'or à Cannes. »

Les publicités Darty reflètent des situations de la vie quotidienne, des tranches de vie populaire dont les protagonistes sont des vendeurs, des livreurs, des techniciens du SAV et des clients. Les spots sont construits comme de véritables courts-métrages humoristiques qui développent chacun un seul thème à la fois : prix, choix ou service.

L'un d'eux met en scène un homme de condition bourgeoise qui se fait livrer un lave-vaisselle tout en cherchant à dissimuler à sa femme qu'il l'a acheté chez Darty. Il demande aux livreurs d'ôter leurs blousons sur lesquels figure le logo de la marque. Mais quand sa femme les reçoit, elle s'exclame : « Alors là, c'est bien toi, pour jeter l'argent du ménage par la fenêtre, tu t'y connais ! Messieurs, je vais vous demander de remballer ça, je préfère aller l'acheter chez Darty ! »

Un autre montre une famille provinciale attendant avec anxiété dans la salle à manger le verdict du médecin. « On aurait dû s'en douter, il était tout pâle la dernière fois qu'on l'a vu... Et en plus il n'est plus tout jeune... » Lorsque la porte s'ouvre, ils se précipitent : « Alors ? » « Vous pouvez aller le voir » répond le médecin avec un large sourire. On découvre alors le patient : un poste de télévision que le technicien Darty est venu réparer juste avant le match de foot !

Dans une cour d'immeuble, des femmes se chamaillent sur le métier du fils de madame Clément. « Vous savez qu'il a une bonne situation, chez Philips… Ah non, on m'a dit qu'il travaillait chez Sony… Mais non, c'est chez Thomson, je le tiens de sa mère ! Mais puisque je vous dis que c'est chez Arthur-Martin ! » On entend un bruit de moteur dans la cour, et toutes ces dames se penchent pour voir le fils arriver… dans sa camionnette Darty.

Darty fait son cinéma et ça marche… Ces publicités décalées et cocasses véhiculent une image qui parle aux jeunes. Et ce sont eux qui inciteront leurs parents à acheter chez Darty ou qui s'y procureront plus tard leurs premiers équipements… Une communication fraîche et accessible qui donne à l'enseigne une image de leader.

La cerise sur le gâteau sera le Grand prix du festival international du film publicitaire en 1982 qui récompense le meilleur des dix-huit Lions d'or distribués. La saynète montre des clients occupés à comparer les chaînes hi-fi dans un magasin Darty. Soudain, on entend se propager dans tout le rayon une voix de femme gémissant de plaisir en prononçant le prénom « Georges, Georges… ». Pendant que les vendeurs embarrassés essayent de trouver la provenance de l'enregistrement en passant en revue les produits du rayon, deux femmes d'un certain âge s'étouffent de rire : « Tu crois qu'ils vont trouver ? – T'inquiète pas, ils m'ont dit qu'ils pouvaient proposer plus de mille chaînes ! » Le slogan vient conclure : « Pour la hi-fi aussi, Darty a le choix ! »

« Quand, dans quelques années-lumière de là, un étudiant talentueux voudra se pencher sur la France des années 1980, souhaitons-lui de ne disposer, à la place de la pléthore d'ouvrages consacrés au sujet, que de quelques petits films d'actualité sociologique signés Darty. Il trouvera là plus de vérité sur le quotidien des habitants de ce curieux pays, sur leurs us et coutumes, leurs passions et leurs travers, leurs manières de vivre, de s'exprimer, de dialoguer, que dans les millions de pages que ne manqueront pas d'avoir conservé les bibliothèques universitaires. Les films Darty apportent chacun leur pièce à l'élaboration de cet hymne à la France populaire, faite d'individus gentils, drôles et compliqués, avec leurs problèmes de couples, d'impôts, de travail, de vie collective, la France des bons, des fadas et des truands (pas vraiment méchants), celle des bars, des rues, des cours d'immeubles et des villages... » Cette affirmation faite dans le magazine interne de l'entreprise n'a pas besoin d'attendre des années-lumière pour se vérifier : il suffit aujourd'hui de regarder ces petits films disponibles sur YouTube pour en savourer la justesse drôle et tendre qui contient toute une époque.

La pluie et le beau temps vus par Darty

« Dès qu'il y avait une opportunité, Bernard et Philippe se jetaient dessus. Et à partir de là, on y allait à fond ! » En 1988, Philippe Francès profite du désistement d'un annonceur sur Antenne 2 pour suggérer à Guy Lavaud et Christiane Schneider (responsables médias), de négocier le contrat du parrainage commercial le plus populaire de France : celui de la météo. Les publicités de distributeurs ne sont pas autorisées à la télévision à l'époque, et un partenariat comme celui-ci est une aubaine. Philippe Francès négocie serré pour pouvoir ajouter au nom de Darty la mention « TV, Vidéo, Électroménager ».

À partir de là, Alain de Pouzilhac et son équipe vont se faire un plaisir de contourner les contraintes imposées par la télévision. Une durée de six secondes maximum ? Aucun argument publicitaire affiché ? Qu'à cela ne tienne... on peut tout dire avec une camionnette jaune et bleue. « Tout était interdit dans la forme des messages, explique Alain de Pouzilhac, alors on s'est tout permis avec la petite camionnette ! » Dans un esprit ludique et sympathique, la camionnette part à la plage ou sous la neige au gré des saisons et adresse des clins d'œil au public pour les fêtes du calendrier, accompagnée par les multiples déclinaisons du jingle musical. On la verra sortir comme un diable de sa boîte pour narguer un nuage mécontent, se transformer en poupée russe ou en vaisseau spatial, jouer au rugby ou se prélasser dans un hamac en guise de poisson d'avril. Un pari gagnant sur une tranche télévisuelle de forte audience...

Ce mélange de tons différents et décalés, utilisés tous azimuts selon les médias, est unique en son genre. Il n'y a pas de ligne ou de style imposé, on peut sans cesse changer de voie. Il arrive même que tous les médias soient utilisés en même temps, chacun dans un style différent. Quand la radio rappelle la promesse du Contrat de Confiance de manière sérieuse et structurée, l'affichage dans le métro ou sur les abribus s'autorise des contrepoints irrévérencieux et excentriques qui rendent Darty sympathique. Une créativité à tous crins, un humour potache et des incursions dans la vie des clients, voilà les ingrédients qui ont permis à Darty de tenir le haut du pavé de la création publicitaire française pendant tant d'années.

Quant à la promesse publicitaire, jamais elle ne se fait mensongère, et l'on restera toujours fidèle au principe selon lequel « 100 % des clients doivent être satisfaits », résumé par une phrase clé de Philippe Francès : « La meilleure promesse publicitaire, c'est celle que la réalité dépasse. »

11

« Pour les prix les plus bas, descendez... »

« Un magasin Darty dans les beaux quartiers ? Mais voyons, n'y songez pas... Aucun emplacement ne s'y prête... » Voilà sans doute ce que les promoteurs auraient répondu aux frères Darty s'ils avaient émis le souhait de s'installer dans le 8e arrondissement de Paris. Ils se sont déjà implantés dans des quartiers plus populaires de la capitale, comme à Belleville, et la notoriété aidant, ils ont désormais accès aux meilleurs emplacements en région parisienne. Mais faire des choses impossibles, c'est beaucoup plus grisant...

L'avenir est dans les centres commerciaux

« Cergy-Pontoise... ce petit village de quelques centaines d'habitants, noyé dans la verdure, s'étirant paresseusement sur la rive droite de l'Oise, à une trentaine de kilomètres de Paris ! Cela, c'était hier. Aujourd'hui, Cergy est le noyau d'une agglomération de quelque 80 000 âmes, déjà promue capitale du Val-d'Oise. De partout – des prés, des bois, des champs de blé et de betteraves – jaillissent immeubles, bureaux, entreprises, autoroutes. C'est ce que l'on appelle une ville nouvelle. Demain, Cergy sera forte d'un demi-million d'habitants. C'est, du moins, ce que les experts prévoient. Natan, Marcel et Bernard ont choisi de leur faire confiance.» Voici comment *Inter Darty* relate l'ouverture d'un nouveau magasin à l'intérieur d'un centre commercial à Cergy. Les frères Darty parient sur le développement des villes nouvelles qui se construisent dans la grande périphérie de Paris, dans lesquelles toutes les infrastructures sont prévues pour favoriser les nouveaux modes de consommation. Et l'avenir leur donnera raison. «S'installer là était une évidence pour nous, explique Bernard. Nous croyions en l'avenir des centres commerciaux qui répondaient aux besoins modernes. Notre politique commandait de nous installer dans ces endroits stratégiques, pour une raison bien simple: si nous ne le faisions pas, le lieu serait occupé par un concurrent.»

C'est ainsi que, quelque temps après s'être installé dans le premier centre commercial de la région parisienne, la Belle Épine, Darty fête l'ouverture de son dixième magasin à Cergy-Pontoise. En 1975, avec 15 % des parts du marché en région parisienne, Darty s'impose comme le leader dans son secteur d'activité. Malgré les chocs pétroliers qui font entrer la France et l'Europe dans une crise économique majeure, la distribution des biens d'équipements du foyer est moins durement touchée que les autres secteurs. L'ensemble du groupe, qui emploie désormais près de 2000 personnes, réalise 653 millions de francs de chiffre d'affaires, soit six fois le chiffre de l'exercice 1971-1972... En 1983-1984, le chiffre d'affaires sera à nouveau multiplié par près de six, pour atteindre 4 milliards de francs.

Une déception attend pourtant les frères Darty dans leurs souhaits de développement. L'un de leurs grands projets vient de tomber à l'eau. Ils pensaient profiter d'un programme de construction de parkings sous la porte de Champerret pour y installer une surface commerciale. L'emplacement, malgré des conditions d'aménagement particulières, était un espace idéal. « On imaginait un magasin avec des enseignes sur le périphérique, une grande vitrine pour notre marque. L'emplacement aurait été auto-publicitaire ! » Mais le projet est finalement rejeté par la Commission nationale d'urbanisme commercial et le promoteur annule sa proposition.

L'imbécile ne savait pas que c'était impossible : il l'a fait...

Trouver un autre emplacement pour ouvrir un grand magasin aux portes de Paris n'est pas chose aisée. Le promoteur propose aux frères Darty de déjeuner chez Lucas Carton, place de la Madeleine, pour réfléchir à d'autres formes de collaboration. Songeant aux préceptes de Bernardo Trujillo – « *no parking, no business* » –, Marcel et Bernard indiquent à leur interlocuteur qu'ils cherchent un endroit similaire à celui de la porte de Champerret, avec parking et accès facile. Le promoteur, qui gère un certain nombre de parkings parisiens, semble hésitant mais finit par leur annoncer qu'il a bien une surface, mais qu'elle ne fera probablement pas l'affaire. Elle se trouve justement ici, place de la Madeleine : il y a sous l'église un parking de six niveaux, dont le premier devait au départ accueillir quarante magasins, mais le projet n'a pas été développé et cet étage est vide depuis dix ans. Les frères Darty saisissent l'occasion : « Écoutez, terminons notre dessert et allons voir ! »

Les voilà bientôt descendus dans le parking, en train d'explorer les lieux avec une lampe torche car il n'y a pas d'éclairage. « Ce n'était pas très haut de plafond, comme tout parking, explique Bernard, et il n'y avait évidemment aucune source de lumière naturelle. Et pas d'accès pour la livraison des marchandises. D'abord on n'a rien dit, on a observé. Et puis, on a pensé qu'on pouvait sérieusement considérer l'affaire… Le promoteur ne savait pas du tout combien nous louer ça. On lui a suggéré de calculer la moyenne d'occupation des niveaux - 2 à - 6, en comptant combien ils recevaient de voitures par jour, et de multiplier ce chiffre par le nombre d'heures. C'était déjà une base pour évaluer le montant du loyer… »

Ça y est, le projet d'installation sous la Madeleine est lancé. Chacun s'y implique totalement pour parer à tous les problèmes, et ils sont nombreux ! L'ouverture de ce magasin, à cet endroit, représente un petit exploit. Pour rendre la chose possible, il faut recueillir toutes les autorisations nécessaires. Et cela va prendre des mois. On doit courir à l'Évêché (usufruitier du sol), au ministère des Affaires culturelles (protecteur du site), au ministère de l'Intérieur (problèmes de sécurité)… et il faut aussi prévoir la création, à l'arrière de la Madeleine, d'un système de monte-charge pour pouvoir approvisionner le magasin.

Il est un dicton de Marcel Pagnol dont Bernard s'est souvent inspiré : « Tout le monde savait que c'était impossible. Il est venu un imbécile qui ne le savait pas et qui l'a fait. » Régler toutes les questions administratives liées à l'exploitation de ce lieu si particulier relève du parcours du combattant… Mais la détermination de Marcel, qui a même entre-temps noué des relations amicales avec le chanoine, vient à bout des obstacles !

Au cœur du Paris chic

Jusqu'à ce jour, en examinant la carte de ses implantations, on était tenté de penser que Darty visait plutôt les zones populaires, à pouvoir d'achat moyen. C'est fini... Après avoir investi la périphérie, Darty frappe fort au cœur du Paris chic. L'aménagement du prestigieux magasin se distingue des autres boutiques. L'offre s'élargit vers des produits haut de gamme pour une clientèle dont le pouvoir d'achat est plus élevé et le magasin doit devenir le porte-drapeau du groupe en termes d'accueil. Le site est exceptionnellement bien placé, à quelques pas des grands magasins du boulevard Haussmann, le Printemps et les Galeries Lafayette. C'est aussi le seul magasin Darty où l'on peut venir non seulement en voiture, mais aussi en métro ou à pied.

Une vaste campagne publicitaire, concoctée par l'agence Havas Conseil, va connaître un grand retentissement : « Darty-sous-la-Madeleine : pour les prix les plus bas, descendez ! » annoncent les affiches. Mais la Madeleine est un site protégé par un nombre incalculable de textes réglementaires qui limitent la publicité sur toute la place. Il n'est pas possible de mettre un simple panneau « Darty » sur les rambardes extérieures qui protègent les escaliers menant au magasin. L'imprévisible Pierre Hollard va contourner la loi en assurant une signalisation un peu différente... Il organise tôt le matin une véritable opération « commando » : il fait appliquer des adhésifs représentant des pas, dont certains partent du Printemps, et qui tous mènent jusqu'à l'entrée du magasin Darty... et les arbres des avenues qui conduisent à la Madeleine s'ornent d'affiches annonçant l'ouverture... Une opération publicitaire totalement illégale mais qui fait un tabac !

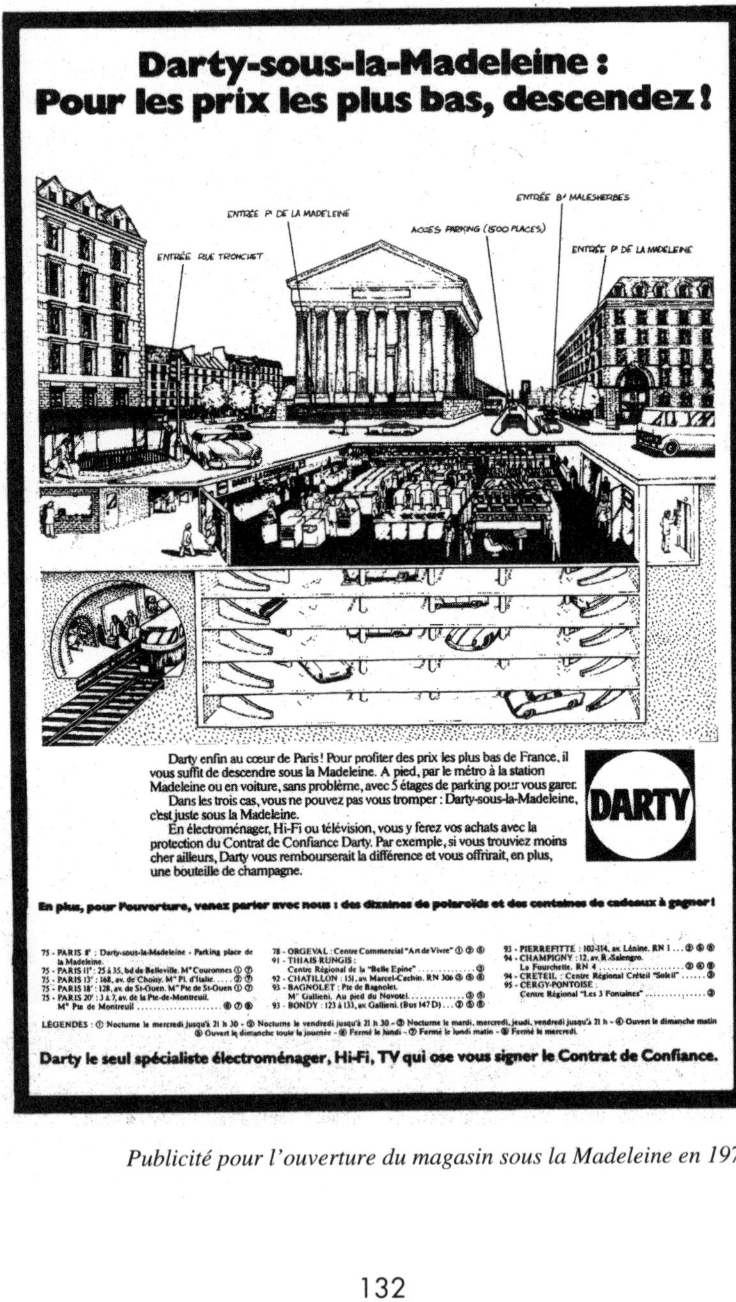

Publicité pour l'ouverture du magasin sous la Madeleine en 1975.

Le 21 mai 1975, une cérémonie d'inauguration exceptionnelle est organisée : le chanoine de la paroisse vient bénir le magasin et *Le Monde* titre : « Un magasin au parking ! » Comme la réalisation du monte-charge n'est pas encore terminée, on a d'ailleurs descendu 7 000 produits par les escaliers…

Animée par une vingtaine de vendeurs, la boutique connaît immédiatement un immense succès. *Inter Darty* relate l'événement avec un plaisir non dissimulé… et un brin irrévérencieux : « Incroyable mais vrai. Une véritable ruée provoquée non seulement par la curiosité mais par le désir d'acheter. Et que je t'emporte ceci et que je te commande cela. Et que je te bouscule. Et que je passe avant toi. À croire que les habitants du quartier de la Madeleine avaient été privés pendant de longues années de toutes ces merveilleuses petites machines et qu'un Dieu providentiel, enfin, était arrivé les mains pleines. Vraiment c'était merveille de voir tous ces messieurs bien mis et ces dames en tailleur Cardin se précipiter pour acheter. Est-il utile de préciser que Darty sous la Madeleine a battu – pour les premiers jours – tous les records de vente ? »

À l'assaut de La Défense

Mais on n'a pas fini de s'étonner de l'audace des frères Darty… Comment font-ils donc ? Après l'installation sous la Madeleine qui a époustouflé tout le monde, voilà qu'ils plantent leur tente sur le parvis de La Défense, juste à côté du Cnit et de la sculpture monumentale de Calder…

En 1976, le chantier d'un nouveau centre commercial, Les Quatre Temps, a débuté à La Défense. Le directeur des affaires immobilières du Crédit Lyonnais, Henri Frémiot, qui connaît bien le groupe Darty et le succès de son développement maîtrisé, lui a proposé de s'y installer. Deux prestigieux grands magasins parisiens, la Samaritaine et le Printemps, y sont eux-mêmes attendus, et l'ouverture est prévue pour 1978. Mais pendant la construction du centre commercial, le Printemps se désiste, ce qui remet en question l'existence même du projet… Si Auchan accepte de reprendre la surface laissée vacante, la date d'ouverture est différée de trois ans ! Bernard Darty, contrarié par ce report, propose alors au développeur une solution temporaire qui puisse répondre, même partiellement, à l'engagement pris : il a l'idée de faire construire une bulle provisoire, à l'image de celle utilisée pour les courts de tennis, et d'en faire un magasin… Pendant les trois années de travaux, l'enseigne va ainsi développer son commerce et sa clientèle sous la bulle aménagée.

Au moment où le Salon des arts ménagers, qui se tient traditionnellement au Cnit, ouvre ses portes, Bernard se montre fair-play et propose de fermer son propre magasin pour ne pas entrer en concurrence avec les exposants qui sont aussi ses fournisseurs. Mais après avoir échangé avec eux, il émet une encore meilleure idée : celle de transformer, avec leur aide, son magasin en musée des Arts ménagers. On pourra venir admirer les poêles Godin de 1890 et les toutes premières machines à laver de 1920 dans cette vitrine Darty sous tente. Un rendez-vous réussi avec le public, en attendant le futur centre commercial qui sera officiellement inauguré en mars 1981. Les clients seront alors nombreux à venir se procurer chez Darty leur premier magnétoscope, le nouveau produit à la mode…

Boulogne-Billancourt, Choisy, Orgeval, Ivry : Darty continue de rayonner en région parisienne, mais aussi dans Paris. Après Belleville, la Madeleine ou Montparnasse, un nouveau magasin ouvre en 1981 près de la place de la République.

Paris semble conquis... Reste la province. En 1975, la même année que l'ouverture sous la Madeleine, le succès du groupe Darty incite à exporter le modèle en région.

12

Duplicatas en province

« Tu observes, tu comprends, et ton rôle sera de dupliquer. Je suis certain que tu feras aussi bien et même mieux que moi. Tu trouves les terrains, tu fais construire, tu gères les bâtiments, tu embauches les gens et tu fais comme si je n'étais pas là ! Nos moyens financiers sont à ta disposition. » Voilà les recommandations que fait Bernard à Philippe Francès, qu'il vient tout juste de recruter comme responsable du développement. La confiance des frères Darty et une totale autonomie pour étendre la toile de la société jusqu'en province…

« Tu observes, tu comprends et tu dupliques »

La ville de Lyon est alors la métropole régionale la plus dynamique de France, c'est donc sur elle que le choix se porte pour la création de la première filiale. L'achat d'un terrain est décisif puisque le site doit être à la fois attractif et facilement accessible. Mais il faut également constituer une équipe de qualité. Outre les compétences, la question humaine est essentielle car les hommes constituent un actif capital de Darty. Philippe Francès privilégie l'esprit d'équipe et rejette ceux dont le seul guide est le souci de carrière.

L'investissement en termes de formation et d'adhésion à la culture d'entreprise est le garant d'un total engagement des nouveaux cadres. Les recrutements se font par relation ou candidature spontanée et aucune agence de chasseurs de tête n'y est associée. Une pleine page publicitaire dans *Le Progrès de Lyon* annonce à la fois l'ouverture prochaine des premiers magasins et les offres d'emplois associées : « Darty recherche des hommes de confiance pour appliquer le Contrat ! » Les publicités radio gérées par Havas Conseil au plan national ont préparé le terrain, et grâce à ce parapluie publicitaire, l'enseigne est bien connue du public provincial avant même que les premiers magasins ne s'y implantent. Il est prévu que le développement régional se poursuive dans le prolongement de cette première ouverture à Lyon. Les besoins humains sont donc importants : s'il faut engager pour une fonction, il faut également imaginer que le candidat puisse évoluer rapidement au sein du groupe.

« Qu'est-ce que c'est que cette boîte ? »

Le directeur du premier magasin de Lyon-Limonest, Jean-Luc Sélignan, diplômé d'un MBA à la Harvard Business School de Boston, sera le porte-flambeau d'une nouvelle génération de cadres Darty. Après avoir été, en cours de marketing-distribution, passionné par l'étude du cas de la société Kennedy & Cohen, géant de l'électrodomestique aux États-Unis, et compris que Darty pourrait devenir son équivalent en France, le jeune Lyonnais de 26 ans se porte spontanément candidat. S'il a pressenti tout l'intérêt de rejoindre un groupe en pleine expansion dans le secteur de la distribution, ce sentiment n'est pourtant pas d'emblée partagé par son père, un commerçant qui possède une petite chaîne de magasins de textile à Lyon : « Qu'est-ce que c'est que cette boîte, Darty ? Pourquoi avoir fait tant d'études pour te retrouver avec une veste rouge dans un magasin ? Pourquoi tu ne travailles pas plutôt à la City Bank ? » Lorsque, trois mois plus tard, son fils lui annonce que le magasin a fait environ un million de francs dans la journée du samedi (soit le chiffre d'affaires qu'il fait lui-même en une année dans ses propres magasins), alors il comprend ce que représente Darty…

Jean-Luc Sélignan décide de s'inspirer pour ce premier magasin de Lyon du fonctionnement qu'il a pu observer aux États-Unis et qui a aussi séduit Bernard. Il adapte le modèle du « *warehouse showroom* », made in USA, qui invite le client à entrer par l'entrepôt, où il est reçu par un vendeur ayant pour consigne de se présenter en ces termes : « *Hello, I'm John, what's your name* ? » Puis le vendeur accompagne le client en commentant sa visite depuis le SAV jusqu'au magasin d'exposition. Le but de cet accueil personnalisé est de faire prendre conscience au client de la puissance de vente du magasin et de l'importance de ses services, de manière à ce qu'il entre dans la surface de vente imprégné de tout ce qu'il a vu.

On tente l'opération à Limonest : les vitrines sont masquées et l'entrée se fait par la porte de l'entrepôt, située sur le côté du magasin. Mais à l'ouverture, en septembre 1975, les clients se font attendre. Beaucoup d'entre eux ne comprennent pas que l'entrée ne se fasse pas en façade, là où se trouve l'enseigne du magasin. « On avait beau mettre des flèches par terre, les gens essayaient quand même d'entrer par la façade et ils se posaient des questions : le magasin est-il ouvert ou fermé ? » Le fait d'être accompagné dès l'entrée n'est pas non plus très bien perçu par une clientèle habituée à circuler librement dans les magasins, et la version française du «*Hello, I'm John*» ne convient pas à la relation ordinaire habituelle en France entre vendeur et client. À l'issue de l'expérience, les vendeurs eux-mêmes sont dubitatifs quant au dispositif. Les premiers résultats ne sont guère encourageants et la perspective du mois de décembre engage le jeune directeur à renoncer à cette initiative. D'autant que le commerce traditionnel lyonnais a engagé une lutte des prix pour bouter hors de ses terres cet intrus menaçant. Les Lyonnais n'aiment guère la concurrence…

L'enseigne Darty revient donc à des méthodes classiques, et le chiffre d'affaires dépasse rapidement les premières prévisions. Selon le principe «déléguer mais contrôler», Bernard appelle Jean-Luc Sélignan chaque fin de semaine pour faire le point: «Bernard, c'était le grand patron; il prenait cinq minutes de son samedi soir pour me demander ce qui s'était passé et quel était le chiffre. Ces quelques minutes au téléphone étaient très efficaces et motivantes.»

Lyon Part-Dieu, Grenoble et Saint-Étienne

Un deuxième magasin est ouvert la même année au cœur du site emblématique de Lyon: le centre commercial de La Part-Dieu. Une campagne d'affichage dans les couloirs et sur les quais du tout nouveau métro lyonnais dynamise les ventes. La forte croissance du groupe associée à sa culture d'entreprise attire désormais d'elle-même les bons profils à recruter. Lorsque Michel Repiso, alors cadre chez Danone, rencontre Bernard Darty, celui-ci lui propose la direction de Darty Rhône-Alpes, Philippe Francès étant alors aux commandes pour la création d'une filiale en

Nord-Pas-de-Calais : « Bernard m'a demandé quel était mon salaire chez Danone et m'a dit : "Ça ne marche pas comme ça chez nous. Je vous le dis tout de suite, je commence par couper 30 % de votre salaire pour les remplacer par une rémunération qui sera fonction de vos résultats. Parce que je ne vous paye pas pour travailler ; je vous paye pour réussir." J'ai signé et je suis rentré chez moi. J'ai dit à ma femme qu'on avait réduit mon salaire de 30 % et je me suis fait engueuler ! »

Un an plus tard, les ouvertures à Grenoble et à Saint-Étienne viennent grossir les rangs des magasins de la filiale Rhône-Alpes. Le fait que les SAV aient été décentralisés permet de répondre avec plus d'efficacité à la demande de la clientèle. Jean-François Quenin se souvient d'une anecdote qui en dit long sur l'engagement du personnel et sur la farouche volonté d'être à la hauteur de la promesse du Contrat de Confiance : « Un jour d'inondation, le directeur du SAV a livré une télévision en barque ! Le client passe avant tout, et le client, on l'étonne. Vous êtes inondé ? Ce n'est pas grave. On vous livre en barque ! C'est surréaliste ! »

Sur les terres de Bernard Boulanger

L'ouverture prochaine de Darty Nord-Pas-de-Calais, la deuxième filiale régionale dont le lancement est confié à Philippe Francès, est une nouvelle aventure, risquée à plus d'un titre. Les frères Darty savent qu'il faut saisir l'occasion d'un marché porteur et d'un modèle économique efficace pour ouvrir sans tarder de nouvelles filiales dans l'Hexagone. La décision de s'établir dans le Nord-Pas-de-Calais ne repose pas sur la volonté de s'installer sur les terres du concurrent Boulanger, mais de profiter du dynamisme et du potentiel économique de la région lilloise. Le plan de développement régional prévoit l'ouverture simultanée, au printemps 1977, de trois magasins à Lille, Roubaix et Englos. Jean-Luc Sélignan n'a que 27 ans lorsqu'il prend la direction générale de la nouvelle filiale dans le Nord et sa première mission est : recruter vite et bien. Les équipes sont formées, la marchandise est livrée, la publicité est en accord avec l'offre Darty mais il faut vendre dans un nouveau contexte : celui d'une concurrence frontale.

Depuis plus de vingt ans, Bernard Boulanger a développé son activité sur un territoire qu'il connaît intimement, et l'offre commerciale de ses magasins répond très opportunément aux attentes de sa clientèle. Philippe Francès souligne avec ironie : « Le gros problème avec Boulanger, c'est que ses magasins s'apparentaient beaucoup à des magasins Darty, mais ils s'appelaient Boulanger ! »

La concurrence est rude entre le leader régional et le champion national, et la bataille se livre en premier lieu sur les prix. Bernard Boulanger ne peut que réagir à l'injonction du Contrat de Confiance. La guerre des prix les plus bas est lancée. Philippe Francès fait passer une annonce dans *La Voix du Nord* qui donne le ton : « Allez comparer les prix chez Boulanger, venez acheter moins cher chez Darty. »

Mais après plusieurs mois d'activité et bien que la filiale ne perde pas d'argent, les ventes moins nombreuses, qui plus est à des prix plus bas qu'ailleurs, ont pour conséquence un chiffre d'affaires et une marge très loin derrière les autres magasins du groupe. Darty n'a pas vocation à perdre de l'argent dans le Nord, alors que le taux de progression moyen de son chiffre d'affaires avoisine les 25 % sur les autres territoires ! Des initiatives sont prises, comme celle du printemps 1978 où Darty fait les marchés du Nord… L'objectif est d'aller à la rencontre d'une clientèle n'appartenant pas à la zone de chalandise des premiers magasins, pour faire connaître Darty et ses services. Mais les vendeurs Darty ne sont guère les bienvenus sur les marchés où les petits commerçants font bloc face à la menace.

Le plan de développement de Darty Nord prévoit pourtant l'ouverture de nombreux magasins, notamment dans des zones géographiques où Boulanger est moins présent. Jean-Luc Sélignan, qui souhaite installer un magasin dans l'agglomération de Béthune, prospecte le territoire aux alentours des collines de l'Artois et de la plaine de la Lys : « J'ai trouvé un emplacement situé entre Béthune et Bruay-en-Artois sur la route nationale et qui permettait de couvrir une zone de chalandise importante. Je me rappelle que Bernard est venu voir le terrain avant que je ne l'achète et s'est exclamé : “Mais vous vous rendez compte ? Nous sommes en plein champ ! Qu'est-ce que nous allons faire là ?” C'était vrai qu'il n'y avait même pas d'accès depuis la nationale pour atteindre l'emplacement… Alors j'ai sorti mon annuaire de l'École des Mines et j'ai constaté que le directeur du service de l'équipement du département était aussi un Mineur. Je l'ai appelé, et quand je lui ai dit que j'avais besoin d'un tourne-à-gauche pour rendre accessible mon futur magasin aux clients arrivant de Bruay, il m'a répondu : “C'est risqué, un tourne-à-gauche sur une route nationale, nous allons prévoir une troisième voie pour vous.” »

Trois, puis quatre et très vite six magasins sont ouverts : leur nombre doit couvrir au mieux le territoire et permettre la croissance du chiffre d'affaires. Ces nombreuses ouvertures, les campagnes publicitaires et la bataille des prix provoquent pendant un temps un net surcroît des ventes. Pour y faire face, trois équipes de chauffeurs-livreurs viennent en renfort de Paris. *Inter Darty* revient sur cette expérience des Parisiens : « Dans le Nord les gens sont beaucoup plus sympathiques qu'à Paris, sauf pour les pourboires ! Par contre si on avait voulu, on aurait passé notre temps à boire et à manger des frites ! »

Pourtant, l'effet d'annonce s'étant estompé, le développement économique continue de pâtir du contexte local. L'annonce publicitaire « Si vous trouvez moins cher ailleurs, Darty vous rembourse la différence », qui fait mouche au niveau national, est contrecarrée par « Boulanger Frères fait mieux que vendre, il vous rend service ».

La guerre commerciale est déclarée

Darty étant venu sur ses terres, Boulanger décide à son tour d'ouvrir un point de vente à Lyon. Mais la guerre commerciale y sera rude pour le nordiste, car cette fois-ci c'est Darty qui est en position de force. Bernard Boulanger s'est sans doute décidé trop tard à partir à la conquête des autres territoires nationaux. Il semble n'avoir pas su ou pu exporter rapidement son modèle économique, dont le succès est sans conteste dans le Nord. Tous les responsables Darty soulignent les qualités de l'homme Boulanger aussi bien que celles de son organisation commerciale. S'il n'a pas développé son entreprise au-delà de son territoire d'origine avec la rapidité requise, c'est peut-être en raison d'une difficulté à déléguer. Au cours d'une croisière organisée par Phillips, les deux Bernard ont longuement échangé et Bernard Darty se souvient avoir plaisanté : « Tu es aussi bon que moi, mais la chance a voulu que je naisse à Paris et toi à Lille… Le nombre d'habitants n'est évidemment pas comparable… »

En 1986, Bernard Boulanger cède l'ensemble des parts de sa société au groupe Mulliez (Auchan). Darty aurait-il pu racheter le groupe Boulanger ? C'est trop tard… Mais les équipes de la filiale Darty Nord-Pas-de-Calais sont inquiètes car les nouveaux moyens dont dispose désormais la société concurrente sont très importants : Boulanger détient onze magasins en 1986, il en aura quinze de plus l'année suivante sur l'ensemble du territoire national. En outre, si Darty pouvait ajuster ses prix du fait de son avantage dans la négociation avec les fournisseurs, la donne a changé. Robert Piccini, directeur général de la filiale à partir de 1983, s'en souvient avec beaucoup d'émotion : « Les hommes du Nord, les collaborateurs Darty, ont pris un sacré coup au moral parce que, s'il existe une puissance dans le Nord, c'est le groupe Auchan. Et ça, ça leur a fait peur. Au point que beaucoup étaient défaitistes et disaient “on ne pourra pas lutter”. » Beaucoup pensent alors que Darty, ne voulant pas essuyer un échec, quittera le marché du Nord, et les premières défections commencent. Certains vendeurs quittent Darty pour Boulanger ou Auchan.

Les équipes sont pour un temps démobilisées, le moral est en berne et ces quelques défections ont permis au concurrent de s'informer avec précision des méthodes utilisées par Darty. Mais la direction réagit vite pour remotiver ses équipes. Tout comme les frères Darty, Robert Piccini fait preuve d'une grande sensibilité humaine et sociale, et les difficultés économiques que traverse cette région, symbole des industries minières dont les années 1980 sonnent le glas, renforcent les liens entre salariés. Robert Piccini rapporte ce témoignage émouvant : « Un jour, j'ai reçu une jolie lettre d'un mineur de Lens qui disait : "Mon petit-fils cherche du travail, c'est un gars formidable et il ne pourra pas travailler à la mine parce que les mines sont fermées, mais vous êtes une grande maison..." Cette lettre m'a ému. J'ai donné rendez-vous à ce jeune homme et en arrivant il m'a dit : "Il y a mon pépé qui est venu aussi." Et le pépé, pour me remercier, m'a offert sa lampe de mineur. C'est des trucs forts, ça ! »

Malgré un bénéfice moindre sur ce territoire très disputé, Darty a réussi son implantation dans le Nord. Une réussite qui plaide en faveur de la poursuite du développement : ce sera d'abord la Normandie puis la région Provence-Méditerranée. Darty souhaite également s'exporter dans des agglomérations de moyenne importance et pour cela, il lui faudra imaginer une manière de faire évoluer son organisation.

Le modèle a ses limites ? Modifions-le !

Au début des années 1980, le groupe dispose de soixante-dix magasins répartis dans les grandes agglomérations de cinq régions. Mais en raison des moyens de l'époque, notamment l'informatique et la transmission des données, le modèle organisationnel ne permet pas d'étendre la couverture du réseau de magasins dans les territoires à plus faible densité de population. Les charges induites des filiales (direction, entrepôt central, magasins et SAV satellites) supposent un territoire d'environ un à deux millions d'habitants. Déjà, des expériences en Alsace ou en Provence-Méditerranée, où certains magasins se situent à 200 kilomètres de la base, ont mis en évidence les limites du modèle. Pour augmenter le potentiel de croissance du groupe, il faut dont imaginer un système permettant de couvrir l'ensemble du territoire, et ceci avant qu'un concurrent ne le fasse.

Une étude est lancée, qui recense une trentaine de villes dont l'agglomération peut atteindre au moins 100 000 habitants, localisées à moins de 200 kilomètres des structures existantes. Bernard Darty et Philippe Francès se penchent sur une nouvelle formule conjuguant rentabilité, qualité et respect des engagements pris dans le Contrat de Confiance. Les magasins à gestion intégrée (MGI) seront leur réponse. Ces magasins seront conçus comme des magasins autonomes avec une structure juridique indépendante, exception faite de l'approvisionnement qui sera effectué trois fois par semaine par l'entrepôt central de rattachement. Un système d'approvisionnement extrêmement rapide permettra une parfaite disponibilité des produits ainsi qu'une économie d'échelle. Le directeur aura la responsabilité de l'ensemble des services du magasin (comptabilité, vente, SAV et livraison). Un ordinateur installé sur place permettra d'effectuer toutes les tâches administratives et financières. Les produits seront les mêmes que dans les autres magasins, et le directeur du MGI pourra ajuster ses prix en tenant compte de la concurrence locale. Il disposera d'une totale autonomie pour le recrutement, la politique sociale, la gestion et l'animation du magasin. Pour éviter une dispersion de la politique de communication, celle-ci restera sous l'autorité de la direction du groupe Darty.

La bonne nouvelle est annoncée dans le magazine interne en juillet 1983 : « Le troisième étage de la fusée Darty vient d'être lâché dans l'espace français. Après la région parisienne et les grosses métropoles de province, Darty part à la conquête des agglomérations d'une centaine de milliers d'habitants. En fait, elle va d'abord tenter deux raids expérimentaux, l'un vers Troyes, l'autre à Amiens, qui permettront aux responsables d'étudier *in vivo* cette expérience. Si les résultats s'avéraient positifs, alors Darty pourrait ouvrir une trentaine de magasins au cours des cinq prochaines années. Si tout marche bien, Troyes sera le cheval de Darty ! » Un mois suffira pour constater le succès du nouveau modèle. Malgré la concurrence des distributeurs locaux et des hypermarchés, d'entrée de jeu le magasin de Troyes prend le quart du marché ! Ce résultat encourage à couvrir selon le même processus les trente autres agglomérations recensées.

En Belgique, Darty se prononce « Vanden Borre »

Il ne s'agit plus ici d'une province, mais d'un pays, la Belgique, où l'entreprise va s'implanter par le biais de la société Vanden Borre. Deux entrepreneurs belges, Luc Geuten et Léon Seynave, fondateurs de Carpetland (Mondial Moquette en France), invitent en 1986 Jacques Planchot, alors directeur général de Darty Nord-Pas-de-Calais, à les rejoindre pour reprendre la société Vanden Borre. Lorsque celui-ci décline la proposition, Luc Geuten et Léon Seynave s'adressent à son directeur des ventes, François Robichez, qui accepte : « En 1986, j'ai rejoint Carpetland qui avait des vues sur Vanden Borre. Ils cherchaient quelqu'un du métier pour reprendre cette société. » Pour réorganiser et développer l'entreprise, François Robichez s'appuie sur les compétences acquises chez Darty. Toutefois, il n'est pas question de transférer le modèle Darty tel quel, la distribution belge ayant ses particularités. « À un moment donné, en ouvrant cinq magasins par an, il nous manquait du capital pour continuer à grandir. Alors on a téléphoné à Bernard Darty qui est venu nous rendre visite avec Philippe Francès. »

Rapidement, le rapprochement se fait avec Darty qui se voit offrir 49 % du capital de la société, sans s'impliquer cependant dans la gestion de l'entreprise. Quelque temps plus tard, il en détiendra 100 %. « Darty part à la conquête de l'Europe en passant par la Belgique », titre *Le Monde* du 23 novembre 1988. Vanden Borre est déjà bien installé sur le territoire belge et l'apport de Darty, notamment financier, lui permet d'engager des restructurations, avec l'agrandissement des surfaces de vente et la rénovation des anciens magasins. Dans un premier temps, du fait de ces aménagements et des embauches nécessaires au développement, le résultat d'exploitation reste déficitaire. Mais peu à peu, les résultats de l'entreprise deviennent positifs et les années qui suivent ramènent l'exploitation à l'équilibre.

Le nouveau positionnement en termes de service, qualité et communication est aligné sur la société française. Vanden Borre pratiquait la politique des rabais et des promotions ; avec l'adoption du Contrat de Confiance il n'en est plus question, le service rendu au client est replacé au centre de sa politique commerciale. En s'appuyant sur la puissance d'achat de Darty, la petite société belge peut mieux négocier et donc améliorer sa rentabilité. Les magasins, situés dans la région de Bruxelles, sont au nombre de vingt, mais tout reste à faire pour conquérir le marché belge dont Vanden Borre ne détient que 2 à 3 %. Comme la réglementation du pays limite la création des grandes surfaces, le groupe acquiert une autre société dans le même secteur d'activité, Hugo Van Praag, qui est un peu le Vanden Borre de la Flandre. La stratégie de la nouvelle chaîne reprend celle de Darty tout en adaptant certains éléments pour tenir compte des particularités locales : comme une partie importante du chiffre d'affaires de la société en dépend, la livraison n'est pas gratuite, bien qu'elle le soit chez Darty. « Quand Darty nous a repris en 1995, la livraison à domicile était encore payante, raconte Vic Ragoen, le dirigeant de Vanden Borre. Et cela rapportait plus à l'époque que les bénéfices de la société. Vous imaginez ! On avait de longues discussions avec les dirigeants de Darty. Ils nous disaient : "Les clients n'aiment pas payer pour la livraison, cela devrait être inclus dans le service que vous offrez." Je répondais : "Mais enfin, vous savez que notre bénéfice s'en irait du jour au lendemain !" Et ils insistaient : "Oui, mais à terme cela vous fera gagner de l'argent !" Je peux vous dire qu'on en a discuté. En fin de compte, j'ai suivi leur conseil, on a mis en place la livraison gratuite, et effectivement cela a créé un boom dans notre activité, grâce à une offre plus construite, appréciée des clients. »

La croissance de l'entreprise est au rendez-vous et elle gagne des parts de marché, faisant dire aux dirigeants de Darty que l'élève commence à dépasser le maître ! Aujourd'hui, Vanden Borre, « Votre Contrat de Confiance », emploie 1 200 salariés répartis dans soixante-treize magasins en Belgique, et son chiffre d'affaires avoisine le demi-milliard d'euros.

13

« Service consommateurs, à votre écoute »

« Le service consommateurs, c'est le seul que j'aurais aimé voir désœuvré ! » plaisante Bernard. Dans une entreprise de cette taille, il est facile de se renvoyer la balle en cas de problème : « Ah c'est pas moi, c'est l'entrepôt ! » ou « Le vendeur aurait dû vous dire que… » Pour régler les litiges qui ont passé les premiers filtres sans trouver de solution, Darty a mis en place un service consommateurs dont le seul but est de satisfaire le client et dont la devise pourrait être celle-ci : « Un client a toujours raison. Même quand il a tort. Et même quand il sait que vous savez qu'il a tort ! »

Sous les projecteurs du consumérisme

Tous les salariés connaissent l'axe stratégique de leur entreprise mais dans leur activité quotidienne, la satisfaction totale du client est-elle toujours assurée ? Les années 1960 ont vu naître ce que l'on appelle le « consumérisme », ou la protection des intérêts du consommateur. L'Union fédérale des consommateurs (UFC) a été fondée en 1951, suivie trois ans plus tard par le Centre de recherche pour l'étude et l'observation des conditions de vie (Crédoc) et, en 1966, l'Institut national de la consommation (INC). Des magazines spécialisés à l'intention des consommateurs mènent des enquêtes et des tests pour évaluer les produits et la qualité des services apportés par les entreprises : *Que choisir ?* est lancé en 1961 par l'UFC et *50 millions de consommateurs* en 1969 par l'INC. En 1976, Christiane Scrivener est nommée secrétaire d'État en charge de la consommation dans le gouvernement Chirac. Loin d'être symbolique, son action aboutira au vote d'une loi sur la protection et l'information des consommateurs, à laquelle le nouveau Parlement européen de Strasbourg ajoutera ses propres directives.

Darty, qui est en tête de son marché, est d'autant plus sous les projecteurs de ces différents organismes. Bernard rencontre à plusieurs reprises Henri Estingoy, le directeur de l'Institut national de la consommation, mais ces différents échanges n'empêchent pas le magazine *50 millions de consommateurs* de critiquer le Contrat de Confiance en affirmant que « la confiance n'est pas totale » : les prix ne seraient pas toujours les plus bas, le choix ne serait pas le plus large et certains services (gratuité de la livraison et de la mise en service) ne seraient pas une exclusivité Darty.

Son Contrat de Confiance engage aussi la responsabilité de Darty en termes de qualité. Si celle des produits vendus dépend des fabricants, il faut quand même sélectionner les articles dont le rapport qualité-prix est le meilleur. Et le souci du client ne se borne pas aux produits. Il s'attache avant tout au service. Bien que les magazines de consommateurs ne touchent qu'une modeste part de la clientèle, la société se doit de réagir aux critiques, plus ou moins fondées, puisqu'elle a fait de ce service la tête de pont de sa stratégie.

Il n'existe pas chez Darty de tableau d'honneur affichant les scores des meilleurs vendeurs. Mais les dirigeants récompensent, à leur manière, la qualité du service rendu. Ils ont mis en place un concours intitulé « Darty courtoisie » dont les résultats se basent sur les commentaires de la clientèle. Ce concours concerne tout le personnel en contact direct avec les clients, c'est-à-dire les vendeurs, livreurs et techniciens du SAV. Pour recueillir les avis, des « cartes T » sont envoyées à un panel de clients qui estiment leur degré de satisfaction sur plusieurs critères. Chaque vente, chaque livraison, chaque intervention est suivie par l'envoi d'une carte. En cas d'insatisfaction notable, le service consommateurs prend contact avec le client. L'objectif n'est pas que tous les clients soient satisfaits, mais *très* satisfaits. Chaque vendeur, livreur, technicien du SAV est identifié sur les documents commerciaux, ce qui permet d'établir des moyennes de taux de satisfaction par vendeur, service, magasin ou région. Le personnel qui se trouve systématiquement en deçà de la moyenne est celui qui bénéficie en priorité d'un plan de formation. Et chaque semaine, un louis d'or est offert à celui qui recueille le plus de félicitations… Roger Deraita se souvient du geste de Marcel, qui lui en avait glissé un dans la main en disant : « Vous le méritez aussi Roger… »

Dans la fosse aux lions

En 1976, Pierre Hollard, représentant la société, est convié dans les studios de France Inter pour participer à l'émission *La Cible*, animée par Anne Gaillard, qui défraie alors la chronique. L'émission polémique se donne pour but de défendre les intérêts et les droits des consommateurs. Pierre Hollard s'attend à retrouver d'autres distributeurs sur le plateau, mais il est en fait seul face aux réclamations des auditeurs-consommateurs… «Nous avons tous pu remarquer que Pierre Hollard a été le seul représentant des grands distributeurs à relever le gant. Tous les autres étaient, comme par hasard, ce jour-là, souffrants ou en voyage», rappelle le magazine *Inter Darty* avec une pointe d'amertume. L'émission tourne à la mise en accusation et la présentatrice endosse plus volontiers le rôle de procureur que celui d'arbitre. Sans que Pierre Hollard ne puisse intervenir, une cliente remet en cause, à l'antenne, la véracité du fameux Contrat de Confiance en refusant de payer une réparation à faire sur une machine à laver sous prétexte que la panne devrait être garantie. Comme le découvrira une enquête ultérieure du SAV, la cliente avait omis de dire qu'elle n'avait pas vidé les poches de ses vêtements et que des pièces de monnaie avaient causé de sérieux dommages à son lave-linge…

Si les réclamations des auditeurs sont bien prises en compte et si elles doivent en effet alerter l'entreprise sur certains points, cette émission faisant le procès à charge de ce qui était assurément le meilleur SAV de France a été bien douloureuse pour l'équipe…

Au printemps de la même année, Darty et l'agence de publicité Havas Conseil tentent une opération séduction, en offrant aux organisations de consommateurs un tiers de l'espace publicitaire utilisé dans la presse quotidienne, afin qu'elles s'y expriment sur le sujet de leur choix. «Puisque les organisations de consommateurs veulent un dialogue avec les distributeurs, puisqu'elles se plaignent d'autre part de ne pas posséder suffisamment de moyens pour acheter de l'espace et s'exprimer, nous leur offrons la possibilité de dire ce qu'elles veulent, même sur Darty» annonce Bernard dans une interview pour le magazine *Stratégies*. Le pari n'obtient pas tout le succès escompté : une majorité d'organisations de consommateurs refusent de participer à l'initiative, arguant qu'il est difficile de critiquer un distributeur tout en profitant de son espace publicitaire… Les pages paraissent donc avec l'espace réservé qui reste vierge. Semi-échec, mais en termes d'image, Darty marque probablement des points auprès des consommateurs.

La critique est facile… mais l'art est difficile

En 1976, le service consommateurs de Darty est constitué de cinq personnes qui règlent les litiges. On y répond aux nombreux courriers reçus et aux non moins nombreux appels téléphoniques, et le service fonctionne comme un bureau des réclamations. Un matériel livré est non conforme, celui-ci a un défaut, à celui-là il manque une pièce… Toutes les demandes sont traitées au jour le jour, ce qui n'évite pas les commentaires des mécontents : « Je suis bien placé, vous aurez de mes nouvelles ! » Certains courriers arrivent aussi indirectement, *via* les organismes que sont l'INC ou l'UFC-Que choisir, qui contactent le service en leur nom dans l'intérêt des consommateurs. Après l'expérience publique qui a mis à mal l'image de Darty, il vient à Bernard une idée : et si on engageait chez nous l'un de ces défenseurs des consommateurs ? Cela permettrait de mettre en œuvre des actions préventives. Le nouveau contexte du consumérisme doit devenir un facteur d'opportunité et non de contrainte… Et Darty doit continuer à faire la différence par son service. Alors, quoi de mieux que d'inviter le contradicteur à prendre place autour de la table ?

Bernard propose en 1979 un homme qui a le profil parfait pour prendre la tête de ce nouveau service interne, dont l'objectif ne sera pas de répondre aux réclamations, mais de les anticiper et les diminuer autant que possible. Guy-Alexandre Gallon, docteur en droit, ancien inspecteur à la répression des fraudes mais aussi ancien directeur du service juridique de l'association UFC-Que Choisir, est sans nul doute la bonne personne. Sa mission sera de contribuer à l'amélioration de la qualité du point de vue des consommateurs et non pas du point de vue de l'entreprise. « Critiquez, critiquez ! lui demande Bernard. Vous êtes le défenseur du consommateur à l'intérieur de l'entreprise… »

Au début, la tâche de Guy-Alexandre Gallon est un peu compliquée… « En somme, vous voulez jouer les Anne Gaillard à l'intérieur de la société ? » lui lance le journaliste d'*Inter Darty*. « C'est un peu ça, mais surtout de façon constructive, avec le sourire et en étroite liaison, complicité même, avec tous. Il faut que nous arrivions à obtenir l'adéquation la meilleure possible entre les propositions commerciales, d'une part, et l'attente ou l'exigence des consommateurs, d'autre part. Il faudrait même que la réalité dépasse la publicité au niveau des points forts essentiels de Darty. Je suis donc amené à vérifier, à comparer, à tester l'exactitude des promesses et garanties diffusées à l'extérieur, toujours avec l'attitude critique qui est celle du consommateur. »

Malgré son accent méridional sympathique, les salariés ne sont pas d'emblée convaincus de l'intérêt de l'opération menée par Guy-Alexandre Gallon. La qualité du service au client semble aller de soi et le succès jamais démenti de Darty en est la preuve concrète. Et puis, ce nouveau collaborateur apparaît à certains comme un espion à la solde de la direction générale ! D'autant que dans ses premières actions, Guy-Alexandre Gallon décide de se rendre incognito dans les magasins pour évaluer par lui-même le niveau de qualité du service. Il utilise pour cela la même procédure de tests comparatifs que celle mise au point par *Que Choisir ?* ou *50 millions de consommateurs* : « Je me pointais sans prévenir dans un magasin pour y faire un achat. Et j'évaluais la qualité du service apporté au client sur la base de mon questionnaire. Je procédais de la même manière avec les concurrents pour mettre sur pied un hit-parade de la qualité. Cette façon d'opérer m'a valu de sérieuses inimitiés, bien entendu ! Mais en attendant, ça a permis à l'entreprise d'évoluer. Parce que ce qui comptait, ce n'était pas la critique que l'on faisait ; c'était comment éviter d'avoir la même la prochaine fois. »

Avec les yeux du client

Trois ans plus tard, « Monsieur Consommateurs » appartient à un service beaucoup plus large, puisqu'une direction des relations consommateurs est créée. Il travaille en concertation avec le service formation pour sensibiliser l'ensemble du personnel à la question : « Quand on réussit à avoir 92 % de clients satisfaits, c'est aux 8 % d'insatisfaits que je pense… » Satisfaire et fidéliser la clientèle est un enjeu majeur. Partant du fait que l'avantage concurrentiel de l'enseigne est la qualité du service qui accompagne ses prix tout compris, il est essentiel que chaque salarié, à tous les niveaux de l'entreprise, sache personnellement ce que service veut dire quand on travaille chez Darty… L'objectif est de faire en sorte que l'image de l'entreprise corresponde à la réalité vécue par le consommateur.

Guy-Alexandre Gallon a repris l'idée des cartes T, mais il en a modifié l'orientation. Ces cartes évaluaient jusqu'à présent la satisfaction du client selon des critères établis par l'entreprise, en lui demandant de cocher des cases définies en interne. Il s'agit maintenant de faire le chemin inverse, et de proposer au consommateur de définir lui-même ses critères. Qu'est-ce que le client attend vraiment ? Quels sont les éléments auxquels personne n'a pensé et qui sont pourtant importants à ses yeux ? L'analyse des commentaires permet – malgré une possible surreprésentation des mécontents – d'en tirer une foule de renseignements et, si besoin, d'engager un processus d'amélioration.

Tout est passé en revue, à commencer par les magasins. L'évaluation de la qualité du service ne porte pas sur les motifs d'achat ou de non-achat mais sur l'accueil qui est réservé au client : comment a-t-il été reçu ? A-t-il vu un vendeur ? Au bout de combien de temps ? Il s'agit de faire prendre conscience aux vendeurs, même à ceux qui sont *a priori* excellents, qu'ils doivent aussi savoir présenter l'entreprise et l'ensemble de ses services pour que le client ait connaissance de la singularité de Darty et y revienne pour un prochain achat, ou recommande l'enseigne à son entourage. S'imprégner de ces comportements, cela passe par une formation qui insiste sur la culture client telle que la conçoit Darty, et que Guy-Alexandre Gallon suit de près : « Quand on est magasinier, quand on est vendeur, on a affaire à des clients que l'on peut qualifier de difficiles. Mais il faut savoir que le client difficile peut devenir agréable, dès lors que vous savez l'écouter et lui montrer que vous prenez en compte ce qu'il dit. Il faut apprendre à se montrer attentif, serviable, et développer sa maîtrise émotionnelle. La formation pour cela est cruciale, plus même que la formation sur les produits. À la limite, je préfère un vendeur qui ne connaît pas parfaitement ses produits, qu'un vendeur qui ne sait pas s'adresser correctement à un client… »

La priorité, quelle que soit la situation, c'est le client. Guy-Alexandre Gallon illustre ce propos par une anecdote bien choisie : « Je me souviens être allé en tournée dans la région de Lyon avec un technicien du SAV. On est arrivés à midi moins le quart environ, et on discutait avec la cliente quand son mari est arrivé. Le technicien a effectué la réparation et au moment de se dire au revoir il était midi et demi… Alors les clients nous ont dit : "Vous n'allez pas partir comme ça, restez pour déjeuner !" Et c'est ce qu'on a fait… À notre retour, l'agent de maîtrise qui organisait les tournées a reproché au technicien d'avoir fait baisser son taux de productivité en perdant du temps. Je lui ai répondu : "Peut-être, mais c'est pour le bien du client, il était très content !" "Ah oui, vu comme ça…" a-t-il dit. »

L'affaire de l'entente sur les prix de vente

Le 7 février 1980, Bernard reçoit une lettre signée du ministre de l'Économie, René Monory, dont les termes sont les suivants : « Saisie par mes soins d'un dossier de pratiques concertées tendant au maintien de prix minima dans les secteurs de l'électroménager et de l'électro-acoustique, la Commission de la concurrence émet l'avis que certains comportements de votre entreprise tombant sous le coup de l'article 50 de l'ordonnance numéro 45-1483 du 30/06/1945, il y a lieu d'infliger une sanction pécuniaire à votre société. »

La Commission de la concurrence reproche à des fabricants et à des distributeurs, dont Darty, de s'être entendus sur des prix minima et d'avoir ainsi faussé le jeu de la concurrence. Darty est le plus lourdement condamné, avec une amende de 2,5 millions de francs contre 50 000 francs pour Auchan et Conforama. L'entreprise est dans le collimateur de la Commission, et Bernard se souvient du moment où sa décision lui a été transmise par le ministre lui-même : « J'ai été convoqué par monsieur Monory dans son magnifique bureau rue de Rivoli. Derrière lui, il y avait un grand miroir au-dessus de la cheminée. Et je me trouvais face à cet homme, dont je savais qu'il était comme moi autodidacte, garagiste à Loudun. Darty n'était pas le seul concerné, une douzaine de concurrents l'étaient aussi, mais on lui avait infligé la plus grosse amende. C'était d'ailleurs le privilège du ministre, puisque c'est lui qui fixait la somme. Je lui ai expliqué que je me sentais victime d'une fausse accusation, que je n'étais pas l'initiateur de cette concertation, et que d'ailleurs il n'y avait pas de concertation ! Je lui ai dit que j'étais prêt à lui en faire la démonstration : "Enfermez-moi dans votre bureau pendant 48 heures, sans moyen de communication, et pendant ce temps nos releveurs de prix vont faire leur travail. Vous verrez qu'après 48 heures, les prix baisseront dans les magasins Darty, et si vous attendez encore 48 heures, ils baisseront peut-être aussi dans d'autres magasins, tout simplement parce que le prix Darty se sera aligné sur ceux de Conforama ou d'un autre, et que ce nouveau prix sera à son tour remarqué par un concurrent. Ainsi, le produit qui a démarré à 1 500 va se trouver à 1 400 chez Darty, puis à 1 400 ensuite ailleurs, mais personne n'aura téléphoné à personne, il n'y aura pas eu d'entente ! Les prix s'établissent selon le processus normal de mise à niveau par rapport à la concurrence." Monsieur Monory était ébranlé, il avait compris la mécanique, mais j'ai vu dans le miroir son directeur de cabinet lui faire de grands signes pour qu'il ne cède pas. J'étais absolument effondré. C'était la première décision que prenait la Commission de la concurrence et il lui fallait sans doute frapper un coup. Deux millions et demi, c'était un grand coup ! Tous les journaux en ont parlé en une et le "20 heures" de TF1 en a fait son gros titre. Cette affaire m'a personnellement beaucoup affecté. J'ai craint que nous ne soyons fragilisés, empêchés d'effectuer la marche en avant de l'entreprise. Je pensais aussi que cette affaire pouvait altérer l'image de Darty. »

Les frères Darty ont été profondément touchés par ce verdict, car si la réussite de leur entreprise a pu susciter des envieux, ils se sont toujours conformés à la réglementation en vigueur et la transparence faisait partie de leurs principes. Mais les craintes de Bernard ne sont pas justifiées. La marche en avant de l'entreprise se poursuit sur sa lancée… En cette année 1980, Darty compte cinquante-trois magasins. Trente-cinq ans plus tard, en incluant les franchisés, ils seront près de quatre cents.

14

« Du marché aux puces à la Bourse de Paris »

En 1974, Marcel a proposé à Bernard, âgé de 39 ans, de le remplacer en tant que président du groupe : « Un matin, Marcel m'a dit : "Tiens, c'est toi qui prendras la présidence de la société maintenant." Sans me donner de raisons. Il pensait peut-être que j'étais plus à l'aise que lui pour assurer la communication avec la communauté financière. Ça s'est fait comme ça, mais cela n'a pas modifié nos façons de faire. Je n'ai ni changé de bureau, ni endossé des responsabilités opérationnelles différentes. » Les deux frères changent donc de poste au moment où se décide l'introduction en Bourse des titres de la société, qui a été planifiée dès 1973 – année où Paribas, la Compagnie bancaire et l'UAP ont pris ensemble une participation de 14 %. L'ouverture de l'actionnariat au public est une opération lourde et contraignante dont la préparation va mobiliser tout le personnel de la direction financière. Elle est rendue possible grâce aux bons résultats financiers et à la gestion exemplaire de la société[1].

1. Cette opération d'entrée en Bourse, qui dote chacun des frères de moyens financiers nouveaux, permet en particulier à Natan, l'aîné de la fratrie, de créer la fondation Michelle-Darty, du nom de sa fille née en 1948. Après s'être rendu compte de l'inadaptation des structures d'hébergement pour handicapés mentaux existantes dans la France des années 1970, Natan et son épouse Hélène décident en effet de financer avec leur propre patrimoine une fondation ayant pour but la construction de résidences adaptées. En 1979, la fondation Michelle-Darty est reconnue d'utilité publique. Elle dispose à ce jour de huit foyers à Paris, en région parisienne et à Cannes, qui permettent d'accueillir près de trois cents résidents. Son site Internet peut être consulté à l'adresse suivante : www.fondation-michelle-darty.com.

3 % des titres pour les employés

Les frères Darty ont toujours été sensibles au fait que, s'ils ont pu développer leur entreprise, c'est grâce à l'addition des intelligences, des compétences et du dévouement de leurs salariés. Ils souhaitent que 3 % des titres leur soient gratuitement distribués. Mais il faut valider l'action sur le plan légal. Gérard Basini, recruté comme directeur financier auprès de Bernard Fusiller, se souvient être allé au ministère des Finances pour régler la question : « Je me suis rendu rue de Rivoli, et j'ai été reçu par Philippe Jaffré (alors inspecteur à l'Inspection des finances) qui m'a dit : "Vous vous rendez compte, donner des actions à tout le monde comme ça, aucun texte ne le prévoit !" Je lui ai alors fait remarquer qu'il n'y avait donc aucun texte qui l'interdisait… Et il a validé l'opération. »

Il faut annuler !

Alors que l'introduction est programmée pour le 26 octobre 1976, le marché de Paris connaît une période difficile. Les banquiers font part de leurs inquiétudes. Bernard Fusiller se souvient s'être rendu avec Bernard Darty chez Paribas une semaine avant le placement. « Écoutez messieurs, le marché financier est mauvais, leur annonce son président, Jacques de Fouchier. La semaine prochaine risque d'être pire. On ne va pas pouvoir placer correctement vos titres, il faut annuler l'introduction. » Ce à quoi Bernard répond : « Non, on n'annule rien. » Ce n'est effectivement pas la belle introduction dont il avait rêvé mais il veut quand même faire les choses comme prévu.

C'est dans ce contexte peu favorable que les titres de la société sont admis à la côte officielle de la Bourse de Paris. La couverture médiatique est importante, il faut dire que l'introduction en Bourse du numéro 1 de la distribution de l'électrodomestique en France ne passe pas inaperçue. *Les Échos* titre «Darty va signer un Contrat de Confiance avec la Bourse» et *Le Monde* «Darty: du marché aux puces à la Bourse de Paris». *L'Express* met en avant «Les secrets du succès» et *Le Point* «Le leader de la semaine, Bernard Darty». Les journalistes du magazine professionnel *LSA* désignent Bernard Darty comme «l'homme de l'année. [...] Cette consécration, l'entreprise la doit à un président peu enclin à jouer les premiers rôles et qui a le génie de l'organisation comme d'autres ont la bosse des affaires. Financier par obligation et administrateur par goût, ce dirigeant discret ne se contente pas d'exprimer avec sincérité sa foi dans l'homme et son respect d'autrui, il le prouve».

Les dirigeants de l'entreprise ont confiance dans leur modèle et dans leur stratégie. En 1976, Darty compte 20 magasins et emploie 1845 salariés. La réussite de l'entreprise est totale, son chiffre d'affaires croît de 25 % annuellement. Il s'agit maintenant de «passer un Contrat de Confiance» avec les agents de change. Le 26 octobre, 1500000 actions sont introduites en Bourse. Deux tiers des 348000 titres proposés au public au prix de 300 francs sont placés le jour même, et le restant trouvera acquéreur dans les semaines qui suivent.

Très vite, dès 1977, les chiffres confirment l'excellente santé du groupe. Un an après son introduction en Bourse, le cours de l'action Darty est en hausse de 20 % et *Le Nouvel Économiste* peut titrer: «La Bourse a signé le Contrat de Confiance». Darty se retrouve rapidement dans le peloton de tête des valeurs les mieux cotées. Au milieu des années 1980, l'enseigne fait partie du CAC 40, allant jusqu'à atteindre la quatorzième place des valeurs capitalisées de l'indice boursier français.

L'actionnaire, oui, mais le client d'abord

« Quand on est coté en Bourse, il y a trois catégories de personnes qui sont directement ou indirectement concernées, explique Philippe Molina. Il y a les clients, les salariés et les actionnaires. Alors là, vous pouvez faire toutes les combinaisons que vous voulez. Ce sont quasi systématiquement les actionnaires qui sont favorisés, ensuite seulement on va essayer de faire en sorte que les salariés ne soient pas trop mal traités afin qu'ils continuent de bosser, et puis après on verra avec les clients. Chez Darty, pour Bernard et ses frères, ce n'était pas du tout ça ! L'ordre d'importance était : en premier le client, car sans client il n'y a pas d'entreprise ; en deuxième les salariés, car s'il n'y a pas de salariés, il n'y a pas d'entreprise non plus. Et puis, si tout va bien, si le cocktail fait merveille, l'actionnaire sera content. Donc, cela a toujours été la trilogie clients, salariés et actionnaires, et non pas l'inverse. »

La première motivation d'un chef d'entreprise, lorsqu'il décide d'introduire sa société en Bourse, est généralement de lever des capitaux et d'augmenter sa liquidité. Le groupe Darty, lui, souhaite répondre à l'attente de réalisation de plus-values de ses partenaires financiers et à la constitution d'un capital pour la famille Darty. La cotation de la société renforce sa crédibilité auprès des acteurs économiques. Elle témoigne de sa robustesse auprès des marchés. Le public est sensible au nouveau statut de l'enseigne. Et la réussite de l'entreprise, désormais mesurable à l'échelon national aux côtés des plus grandes sociétés, renforce le sentiment de fierté et d'appartenance de ses salariés et facilite même le recrutement de personnel compétent.

15

Remords... ou regrets

Le succès appelle le succès, a-t-on coutume de dire... et le développement de Darty laisse à penser que tout est possible. S'implanter aux États-Unis ? S'imposer en Europe ? Se diversifier en ouvrant des magasins qui proposent autre chose que de l'électrodomestique ? Bernard Darty pèse le pour et le contre, avançant à l'intuition, faisant pencher d'un côté ou de l'autre la balance de la prise de décision.

Ah, le rêve américain !

Au début des années 1980, alors que le groupe est entré en Bourse depuis quatre ans et possède près de soixante magasins avec un taux de croissance à deux chiffres, la question de son développement international se pose. Les États-Unis, Bernard en rêve. C'est un marché qui offre des possibilités de développement considérables. Et il aime l'idée de s'y implanter. Pas en exportant le modèle Darty tel quel, mais en rachetant une entreprise dont l'ADN n'en soit pas trop éloigné.

Il décide que la personne la mieux placée pour mener une enquête de terrain, c'est Jean-Luc Sélignan. En plus d'être parfaitement bilingue, il a déjà une bonne connaissance de la culture américaine. Le voilà missionné pour sillonner pendant près d'un an les États-Unis, avec pour objectif d'observer le fonctionnement des sociétés d'électrodomestique les plus importantes : « J'ai été l'espion de Darty en Amérique ! J'étais le petit Français qu'on prenait en stage, rien de tel pour voir de l'intérieur comment se gère une entreprise. J'ai fait un stage d'un mois dans dix d'entre elles et j'ai comparé leurs structures pour faire mon rapport à la direction. » Cette méthode d'intégration temporaire au cœur des entreprises du métier est beaucoup plus instructive que celle qui consisterait à demander une étude sur le développement stratégique à des consultants de haut vol, du type McKinsey ou Boston Consulting Group… Et elle est beaucoup moins chère !

Quand Bernard, Philippe et quelques autres cadres le rejoignent aux États-Unis pour faire le point, Jean-Luc Sélignan leur présente les trois sociétés qu'il considère comme les meilleures cibles pour Darty. À l'époque, l'électrodomestique est peu représentée chez les discounters généralistes ou dans les Walmart, qui proposent surtout de l'alimentaire.

On commence donc par rendre visite à Sun TV & Appliances dans l'Ohio, à Columbus. Macy Block, le patron, qui a une cinquantaine d'années et se montre soucieux de conserver sa forme physique, se déplace en skateboard dans l'entrepôt de 8 000 m². Très proche de ses 400 employés, son modèle managérial semble compatible avec celui de Darty, mais il est aussi très paternaliste et les Français en concluent que la greffe Darty aurait du mal à prendre ici.

La deuxième escale est l'entreprise Luskin's dans le Maryland, à Baltimore. Jack Luskin, le patron, a énormément personnalisé sa communication promotionnelle – à laquelle il consacre 7 % de son chiffre d'affaires – en apparaissant et en s'exprimant personnellement dans ses publicités. Sa *baseline* est: «*Jack Luskin, the cheapest guy in town.*» Et «*the cheapest guy in town*» arrive dans sa Rolls-Royce bleu vif au bureau… «*Cheapest*», et en même temps «*richest*» ! Contrairement à Sun TV & Appliances, le management n'est pas paternaliste, mais le turnover du personnel est très important. Et les candidats à l'embauche sont même branchés à un détecteur de mensonges lors de leur entretien ! Tout ceci n'est pas vraiment compatible avec la culture Darty, ni avec la culture française…

Enfin, aux derniers jours du voyage, on s'arrête chez Circuit City, à Washington, D.C., où les visiteurs sont déçus de ne trouver que des magasins vendant du brun. Jean-Luc Sélignan leur fait savoir qu'au siège, à Richmond, en Virginie, un magasin pilote vient d'être ouvert, qui est une copie inachevée d'un magasin Darty et dispose d'un élément qui fait la différence : un service après-vente intégré, qui s'occupe en particulier des marques importées qui n'ont pas d'implantation américaine pour leur service après-vente. Quand tous les concurrents s'affrontent à coups de promotions et de prix les plus bas, Circuit City a amorcé une relation avec la clientèle qui inclut la notion de service. Voilà qui séduit Bernard Darty. On loue un avion pour aller visiter ce dernier magasin, et la visite achève de le convaincre.

Jean-Luc Sélignan, qu'aucune attache familiale ne retient pour l'instant en France, est prêt à s'engager dans l'aventure américaine si Darty rachète Circuit City. Le dollar est alors à son plus bas, et racheter cette entreprise, qui n'est encore de petite taille, ne semble pas une folie financière. Les circonstances sont favorables.

De retour en France, les discussions vont bon train dans le bureau de Bernard. On pèse le pour et le contre. Le contre, c'est Philippe Francès. Il n'a jamais aimé la culture anglo-saxonne, il ne parle d'ailleurs pas l'anglais et met en balance l'éloignement géographique, la différence culturelle, le fait que même si Circuit City a plusieurs points communs avec Darty, le service n'est pas dans la culture américaine alors qu'il est au cœur de la stratégie de Darty. Là-bas, le turnover est important, alors qu'on mise chez Darty sur l'implication des salariés à long terme. Alors, quel besoin a-t-on d'aller s'installer en Amérique ? Après tout, ce n'est peut-être qu'un rêve de gosse…

Les arguments de Philippe finissent par l'emporter et le projet de rachat est abandonné. Mais dans le cœur de Bernard, le rêve américain demeure : « Si nous avions racheté Circuit City, nous serions peut-être devenus l'un des premiers distributeurs d'électrodomestique des États-Unis ! Comment savoir ? Je regrette cette affaire américaine… »

Il y a de quoi ! En effet, au cours des vingt années suivantes, Circuit City s'est développé jusqu'à devenir le leader nord-américain de l'électrodomestique, réalisant jusqu'à 12 milliards de chiffre d'affaires. Mais à partir des années 2000, des erreurs stratégiques commises par la direction amorcent le déclin de l'entreprise. Darty aurait-il connu la même réussite puis évité les erreurs ? Aurait-il su conserver et développer sa position de leader ? Une question que Bernard Darty doit encore continuer à se poser…

Une saison sous le soleil d'Espagne

Puisque l'hypothèse américaine a été écartée, on se tourne vers l'Espagne. Philippe Francès est cette fois plus qu'enthousiaste, il a un ami de confiance dans le pays qu'il pense être l'homme de la situation pour y développer l'enseigne. L'Espagne, récemment sortie du franquisme, est en train de se moderniser et les familles s'équipent comme elles l'ont fait en France un peu plus tôt. Des distributeurs français comme Carrefour ou Auchan y sont d'ailleurs déjà implantés et le marché est loin d'être saturé. Après l'Amérique, Jean-Luc Sélignan poursuit son rôle d'éclaireur sous le soleil espagnol, où il étudie les possibilités d'implantation à Madrid et Barcelone, deux métropoles dont l'ampleur démographique semble de bon augure pour un développement rapide. On envisage d'installer progressivement une vingtaine de magasins dans les deux villes. Et l'agence Havas Conseil travaillera à positionner l'image de Darty au niveau local.

Une fois la décision prise, les choses se font vite : fin 1981, on crée la société Darty Distribución et le 1er avril 1982, deux magasins sont ouverts dans le centre-ville de Madrid. Ils sont agencés comme les magasins français et le Contrat de Confiance entre naturellement dans le projet de développement. « *Viva España !* » titre *Inter Darty* : « Avant la fin de l'année, quatre à cinq magasins au total devraient être implantés dans la région de Madrid. Il n'existe pas en Espagne de distributeur spécialisé, pas plus que de SAV, les seules garanties sont celles des constructeurs. On peut donc espérer que les équipes espagnoles vont faire un malheur. *Olé !* » Tout est en place et le succès est plus que jamais attendu. La stratégie de Darty à l'international dépend beaucoup de la réussite du projet espagnol. Deux semaines après l'ouverture des magasins, une campagne de publicité est lancée par voie d'affichage, à la radio, dans la presse et au cinéma.

Mais la suite ne se déroulera pas comme prévu. Si à l'ouverture, les magasins madrilènes obtiennent des résultats conformes aux attentes, rapidement, tout devient plus compliqué. Il semble qu'en Espagne, les prix ne soient que rarement affichés et qu'il soit de coutume de marchander. Comment, dans ces conditions, imposer le Contrat de Confiance ? L'organisation traditionnelle de la distribution espagnole rappelle avec force ses propres règles. Car si Darty n'y est pas connu du grand public, il l'est des fournisseurs qui ont bien compris que ce nouvel acteur aux moyens importants pouvait remettre en cause leur organisation. Certains refusent d'approvisionner les magasins.

Après deux ans d'exploitation, le bilan est déficitaire et rien ne laisse espérer une amélioration dans les années à venir. Gérard Basini présente un certain nombre d'éléments qui décident Philippe Francès à proposer à la direction la fin de l'aventure espagnole. Il fait aussi valoir que les bonnes relations client-fournisseur sont fondamentales pour Darty et que sans elles, l'échec est assuré. C'est ainsi que les magasins de Madrid ferment leurs portes. Le retrait du marché espagnol se fait dans un contexte très tendu. Les syndicats exercent une forte pression sur les négociations et c'est après de longs pourparlers qu'un accord est enfin signé.

« En Espagne, avec le recul, je dois dire que nous avons fait preuve d'arrogance : nous sommes arrivés avec notre Contrat de Confiance et nous avons voulu l'appliquer tel quel. On s'est installés en Espagne comme on l'avait fait dans la région Rhône-Alpes. Mais ce n'était pas le bon choix. Et ce n'était pas la bonne méthode » commente Bernard.

Cet échec remet en question la possibilité de reproduire à l'étranger le modèle Darty, articulé autour du Contrat de Confiance. La relation unique que les frères Darty ont réussi à établir avec leurs fournisseurs et à développer avec leur clientèle est difficile à faire valoir à l'étranger. « Le problème n'est pas de faire naître l'enfant à l'étranger, mais de l'éduquer ! » souligne Jean-Luc Sélignan, suggérant par là qu'il faut du temps pour s'implanter hors de son pays. Il faut accepter de perdre de l'argent pendant de longues années, le temps d'installer sa relation avec le client, le temps que le consommateur intègre la nouveauté et y trouve son compte… Mais Darty est habitué à un succès rapide, et la pression boursière joue aussi son rôle. On ne peut pas se permettre des années de déficit avant d'entrevoir une progression.

Avec l'expérience, Bernard Darty fait le constat que tout commerçant de détail a du mal à s'imposer dans un pays étranger. L'indigène connaît mieux son marché, il est lui-même consommateur, et le nouveau venu se trouve donc en position de faiblesse. Les grands groupes qui parviennent à s'implanter à l'international sont eux-mêmes fabricants, et non pas détaillants, ce qui fait toute la différence.

L'aventure Sparty, « le sport à la Darty »

Le début des années 1980 est la période de toutes les expériences. En même temps que les tentatives d'implantation à l'étranger, Darty se lance dans le sport. Question d'opportunité : alors que Bernard Darty réfléchit à une diversification des activités du groupe et suit de près la réussite de Decathlon, il rencontre François-Marie Valentin, ancien dirigeant de la société Vedette qui vient d'en démissionner pour réfléchir à un projet de grand magasin dans le secteur sportif. Bernard commence par lui faire remarquer : « Ah vous voulez faire du sport alors que vous faisiez des machines à laver ? Qu'est-ce qui vous arrive ? » Mais le secteur est prometteur et Bernard décide de confier à François-Marie Valentin le développement d'une filiale qui sera nommée Sparty, « le sport à la Darty ».

La devanture d'un magasin Sparty.

À la mi-mai, le premier magasin est inauguré à Bondy, en présence du prestigieux Pelé, footballeur iconique qui vient dédicacer ballons, livres et T-shirts. Sur plus de 1 150 m^2, le magasin offre 10000 références d'articles de sport, ce qui en fait un outsider sérieux des compétiteurs Fnac Sport ou Decathlon. Sparty dispose aussi d'une véritable station-service de réparation : qu'il s'agisse de ski ou de vélo, le service après-vente est comme toujours au rendez-vous.

François-Marie Valentin a créé lui-même un outil informatique innovant pour gérer le magasin en tant qu'entité complètement autonome par rapport à la maison mère. Un modèle qui sera réutilisé avec succès pour le développement des magasins Darty à gestion intégrée.

En octobre de la même année, un deuxième magasin est ouvert boulevard Diderot à Paris. Le rapport annuel de l'exercice 1982-1983 précise que l'équilibre devrait être atteint avec l'exploitation de six magasins. Les ouvertures se succèdent donc en 1983, à Chambourcy, au centre commercial de Cergy-Pontoise et au Kremlin-Bicêtre. La concurrence est rude face au leader Decathlon, et Sparty se heurte de plein fouet au problème du plus grand choix et des meilleurs prix. Les campagnes publicitaires à la radio et les affiches placardées dans le métro parisien soutiennent son lancement, mais le chiffre d'affaires augmente sans pour autant combler tout à fait le déficit initial.

En 1984, Sparty poursuit son développement et trois nouveaux magasins ouvrent à Montparnasse, dans le centre commercial des Ulis et dans celui de La Défense. Quoique toujours déficitaire, le résultat est proche de l'équilibre. Mais après quatre années d'exploitation de l'enseigne Sparty, nul ne peut s'empêcher la comparaison avec le succès solide et durable de Darty. La notoriété est toujours à conquérir, on se pose encore beaucoup de questions sur le positionnement de

Sparty – quel choix, quel prix, quel style – tout en se référant sans cesse à Decathlon.

D'autres magasins ouvrent encore à Créteil puis à Lille et au Forum des Halles à Paris et le chiffre d'affaires de l'exercice 1986-1987 progresse de 16 %. Mais les résultats, bien que désormais positifs, ne sont pas à la hauteur des attentes. Chaque mois, François-Marie Valentin doit, tout comme ses collègues des autres filiales, présenter et commenter les comptes de la société qu'il dirige : « Je participais aux réunions mensuelles de présentation des résultats de Darty. Je me sentais un peu comme le vilain petit canard dans son coin. Les gens me regardaient avec une certaine curiosité. Les résultats n'étaient pas ceux attendus, la progression du bénéfice n'était pas aussi rapide que le groupe l'aurait souhaitée. »

En définitive, la jeune filiale a du mal à trouver sa place, tiraillée entre le Contrat de Confiance Darty et la spécificité du marché des équipements sportifs où règne une concurrence rude qui contrarie son dessein d'être en tête ou pour le moins à la deuxième place derrière Decathlon. Les résultats en demi-teinte font dire à Philippe Francès, qui se montre de moins en moins convaincu par l'idée Sparty : « On ne peut pas dire que c'est un échec, mais ça n'est pas un succès. Et quand ce n'est pas un succès, pour nous, c'est un échec ! »

Quand, en 1987, les dirigeants du groupe Genty-Cathiard, qui a déjà racheté GO Sport, prennent contact avec Bernard et lui proposent de racheter Sparty, la décision est rapidement prise de s'en défaire. Sparty ne parvient pas à faire face à la concurrence seul ; en rejoignant GO Sport et les enseignes que ce dernier regroupe déjà, il pourra sans doute atteindre ses objectifs. Darty signe un accord pour détenir

20 % des parts du groupe GO Sport et les magasins Sparty changent de pavillon.

Aurait-il été judicieux d'insister quelques années encore, de donner plus de temps et de moyens à François-Marie Valentin, voire même de faire coter la société séparément pour se positionner face à Decathlon (dont le chiffre d'affaires est aujourd'hui largement supérieur à 10 milliards d'euros) ? Bernard pense aujourd'hui que Sparty aurait pu devenir un brillant numéro 2 de ce marché en pleine expansion. Question de moment, de personnes ou d'énergie ? Combien de temps faut-il accorder à un projet pour juger de son succès ou de son échec ? Difficile à dire. En guise de conclusion, Bernard Darty aime à citer cette phrase humoristique volée à Bernard Blier : « L'expérience, c'est un peigne que la vie vous offre quand vous êtes devenu chauve… »

16

Jackpot ! Des salariés heureux deviennent des propriétaires comblés

« OPA de Darty sur Darty », titre le journal *Libération* le 1er mai 1988, « Super banco pour les salariés des magasins d'électroménager : leur PDG leur propose de racheter leur entreprise. Une telle opération, si elle aboutit, s'effectuera pour un montant jamais vu en France : 7 milliards de francs. » Les frères Darty ont toujours envisagé la participation des salariés aux fruits de l'expansion et au capital comme un élément bénéfique pour l'entreprise. Mais en cette année 1988, c'est une nouvelle étape dans leur implication qui va être franchie : on leur propose, ni plus ni moins, de la racheter.

L'intéressement des salariés à la marche de l'entreprise

« Dès le début, Marcel, Natan et moi, nous avons été instinctivement, par nature, et par intérêt on va le dire aussi, favorables à l'intéressement des salariés aux fruits de l'expansion de l'entreprise et à l'actionnariat, explique Bernard. C'était pour leur bien à eux mais aussi pour le plus grand bien de l'entreprise et donc pour le bien de tous. Un salarié qui a une participation dans l'entreprise s'y investit mieux, c'est une question de bon sens. »

Dès 1969, un accord de participation aux fruits de l'expansion de l'entreprise a été conclu avec le comité d'entreprise. Au 31 décembre 1974, le montant moyen de la participation par bénéficiaire s'élève à 493 francs pour l'ensemble des entreprises françaises concernées. Chez Darty, il est quatre fois supérieur. Pour l'exercice 1975-1976, le groupe Darty redistribue à ses employés, en proportion de leur salaire, plus de 2,7 millions de francs, soit un peu plus de 6 % de leur rémunération annuelle. Le salarié a la possibilité de conserver sa participation sur un plan épargne d'entreprise, compte courant bloqué pendant cinq ans, qui produit des intérêts et sur lequel le salarié a aussi la possibilité d'effectuer des versements volontaires, les sommes ainsi épargnées bénéficiant d'un abondement de la société. Le compte est tenu par la direction du personnel de Darty et les sommes sont consacrées aux investissements du groupe. Le salarié peut aussi choisir d'investir cette somme dans un fonds commun de placement composé pour plus de la moitié d'actions Darty et d'obligations achetées en Bourse. Darty apporte un complément à ces sommes transmises à la société Interépargne : 50 % pour les employés, 30 % pour les agents de maîtrise, 20 % pour les cadres. On peut aussi transformer sa participation en actions Darty, achetées sur le marché. Darty est ainsi l'un des rares groupes français à proposer à son personnel l'ensemble des options prévues par l'ordonnance de 1967. Grâce à la loi Monory sur l'orientation de l'épargne et le financement des entreprises, l'épargne investie en actions est en plus exonérée d'impôt.

En 1978, Darty crée un fonds supplémentaire de prévoyance et de participation pour permettre à tous ses salariés de devenir actionnaires de la société. Deux ans plus tard, le groupe va encore plus loin. Il distribue gratuitement des actions à ses salariés, qui dorénavant, détiennent 5 % du capital. Enfin, en 1985, il met en place un plan d'options de souscription d'actions réservé aux salariés de l'entreprise. L'apothéose de cette politique sera, en 1988, le rachat de l'entreprise par ses salariés (RES), rendu possible par toutes ces opérations antérieures de participation, qui ont inspiré confiance aux salariés et leur ont permis d'alimenter leur compte épargne au fil des années.

« On verra en marchant... »

En 1983, le décès de Marcel dans un accident de voiture est un choc pour la famille, comme pour les salariés dont il était tant apprécié. Des nombreuses fonctions importantes qu'il occupait, la lourde responsabilité du secteur immobilier est confiée à Jean-Luc Sélignan puis à Jacques Planchot, qui s'étaient succédé à la direction de Darty Nord-Pas-de-Calais. Mais la disparition de Marcel pose également l'inévitable question des droits de succession, et d'une façon plus large, celle de la pérennité de l'entreprise. Bernard pressent qu'il n'y aura pas, après sa génération, de successeur pour assurer la direction du groupe par la famille. Il faut envisager l'avenir.

Il s'adresse à Marc Sulitzer, conseiller juridique et fiscal, et lui propose de rejoindre le groupe Darty. « Mais, tu n'as pas besoin d'un conseil fiscal intégré ! », s'étonne celui-ci. « Écoute, je ne sais pas encore ce que je vais te demander, on verra en marchant… », lui rétorque Bernard. C'est ainsi que Marc Sulitzer intègre le groupe en 1986, comme conseil auprès du PDG.

Une de ses premières missions sera de réfléchir aux différentes modalités permettant d'assurer l'avenir de la société. L'éventualité d'un accident ou du décès de l'un des dirigeants peut mettre en péril le groupe, qui emploie désormais plus de 6000 salariés. Et la question de la succession relève de contraintes fiscales qui pourraient réserver de bien mauvaises surprises aux héritiers. Les deux hommes passent beaucoup de temps ensemble, au bureau ou même au domicile de Bernard, pour trouver une solution adéquate. Un jour que Marc Sulitzer lui pose la question : « Dans l'idéal, à qui voudrais-tu transmettre ta société ? », Bernard Darty répond sans hésiter : « Aux salariés de l'entreprise. » L'idée du rachat de l'entreprise par ses salariés (RES) va ainsi commencer à faire son chemin…

« On n'achète rien ; enfin si, on rachète Darty ! »

Marc Sulitzer se lance dans une étude qui servira à étayer le projet de RES et valider sa faisabilité, car les difficultés sont nombreuses. Lorsqu'il obtient la confirmation que l'opération est envisageable, il présente ses conclusions devant le comité de direction. À la fin de son exposé, on lui pose la question : « Est-ce que toi, tu t'engages ? » « Oui, bien sûr que je m'engage ! » répond-il.

Malgré l'assurance de son conseiller, Bernard souhaite prendre le maximum de précautions. Il veut consulter un expert en achat à effet de levier (*leveraged buy-out* ou

LBO). Mais il ne faut pas ébruiter le projet de RES tant que l'annonce officielle n'est pas faite. Marc Sulitzer et Gérard Basini vont alors, en s'appuyant sur les comptes de la société, créer un faux dossier en modifiant les chiffres. Pour que l'on ne puisse pas identifier leur propre groupe, ils divisent par sept certains résultats d'exploitation, retirent 150 000 francs par ici, 700 000 francs par là, tout en conservant les grands équilibres. Ce dossier sous le bras, Marc Sulitzer va pouvoir contacter la société LBO-France, qu'il connaît bien pour avoir travaillé pour elle en tant que consultant.

« Je suis allé leur présenter ce faux dossier tout en précisant que Bernard Darty s'intéressait à une entreprise qui pourrait peut-être être reprise en LBO et je leur ai demandé ce qu'ils en pensaient, explique Marc Sulitzer. Le conseiller l'a examiné pendant quinze jours puis il m'a dit : "C'est un très très bon dossier, ça." Il m'a demandé s'il pouvait nous aider mais je lui ai indiqué que nous n'avions pas encore acheté ladite entreprise. Et puis, un mois plus tard, on l'a mis dans la boucle en lui annonçant : "Voilà, on n'achète rien. Enfin si, on rachète Darty !" »

Plusieurs simulations réalisées en interne mais aussi par LBO-France valident la proposition des dirigeants de Darty. Le projet semble ainsi bien engagé. Mais les événements vont précipiter sa réalisation. En effet, au printemps de l'année 1987, l'hospitalisation de Bernard Darty suite à un infarctus du myocarde fait grandir l'incertitude en ce qui concerne l'avenir de la société. Quelques mois plus tard, le lundi 19 octobre 1987, l'éclatement d'une bulle spéculative sur les actions produit l'effondrement de la Bourse de New York. Avant la crise boursière, les résultats constamment en forte progression faisaient de Darty l'un des fleurons du CAC 40 et l'un des chouchous de la Bourse de Paris.

S'il est vrai que, comme pour toute société cotée au Palais Brongniart, une OPA sur Darty est toujours possible, le prix à payer dissuadait alors toute tentative. En effet, le PER (*price earning ratio*), ou taux de capitalisation des futurs bénéfices de la société, était pour Darty très élevé. « Après octobre 1987, alors que notre PER était probablement à 24 ou 25, il a dû tomber à 12, explique Bernard. À ce moment-là, tous les PER du monde se sont effondrés. » Les titres Darty ainsi largement sous-évalués peuvent désormais faire l'objet d'une OPA hostile.

« Notre cours était divisé par deux, se souvient Gérard Basini. Pourtant, les résultats étaient toujours là. Qu'est-ce qui s'est passé ? C'est très simple : en période de crise, les boursiers vendent avant tout les actions qui ont réalisé d'importantes plus-values et qui ne sont pas de leur pays. Comme nous avions fait un certain nombre d'efforts pour séduire les investisseurs anglo-saxons, américains mais surtout britanniques, eh bien on l'a payé ! Ils se sont défaussés tout de suite de leurs actions Darty et cela a plombé le cours. Voyant cela, Bernard s'est dit : "Attention, cela signifie que ça peut encore descendre et que quelqu'un peut nous racheter." C'est là que l'idée de faire un RES s'est vraiment confirmée. »

Les échanges sont nourris entre Bernard et Philippe Francès, alors président du directoire, qui sait que le risque à prendre est très important, aussi bien pour la société que pour les salariés qui participeront à l'opération. En effet, le groupe Darty ne dispose pas dans l'immédiat de fonds propres suffisants pour rembourser la dette liée à l'emprunt. Ce sont ses futurs résultats qui doivent lui permettre de le faire. La charge de ce remboursement étant extrêmement importante, si la conjoncture économique et commerciale s'altère, la société pourrait se trouver en grande difficulté. Philippe Francès recommande donc de limiter le nombre de participants au RES : « C'était risqué d'étendre le RES à toute l'entreprise. Mais ça, Bernard y tenait absolument. Moi je pensais qu'avec une vingtaine de personnes ça aurait suffi. On aurait pris moins de risques mais, rétrospectivement, c'est bien de l'avoir fait pour des raisons sociales, c'est magnifique, pas de doute. »

Un montage financier dans le plus grand secret

Le maître d'œuvre du RES, Gérard Basini, ne peut pas se référer à d'autres exemples de montages juridiques et financiers de ce type réalisés en France, pour la simple raison qu'il n'en existe pas de cette dimension. Avec plus de 6000 salariés et 5,5 milliards de francs à emprunter, le RES de Darty est le plus important jamais réalisé en Europe. Dans le plus grand secret, Gérard Basini travaille avec Bernard Darty et le club restreint des cadres dirigeants au montage du dossier. Après trois semaines d'un travail acharné, le projet d'OPA est bouclé. Encore reste-t-il à le présenter aux banquiers et à négocier au mieux un prêt de plusieurs milliards de francs !

À cette époque, Bernard avait été nommé administrateur du Crédit lyonnais par le ministère des Finances. Cette banque était actionnaire de longue date de Darty. Les conditions étaient donc réunies pour qu'il présente son projet au Crédit Lyonnais. Le rendez-vous a lieu à 17 heures. À 7 heures le lendemain matin, l'accord est donné. À 9 heures, les autorités boursières sont prévenues qu'une opération est en cours et que la suspension des titres est nécessaire.

Afin de recevoir les fonds bancaires empruntés ainsi que les apports en capital des salariés et des autres actionnaires, la Financière Darty est constituée. Cette dernière pourra à terme racheter les actions Darty, garantissant le prêt bancaire. Le capital sera détenu à 51,8 % par les salariés – dont 25,9 % par les cadres dirigeants –, à 26 % par la famille Darty et à 22,2 % par des investisseurs institutionnels. Dans le cadre de cette nouvelle société, les salariés auront 61,75 % des droits de vote.

Afin de satisfaire aux besoins juridiques et fiscaux, il est nécessaire d'obtenir un agrément du ministère de l'Économie pour le crédit d'impôt relatif aux intérêts payés sur le montant emprunté par la Financière Darty. Marc Sulitzer se souvient d'un certain vendredi après-midi où il s'est rendu, accompagné de Bernard Darty et de Gérard Basini, au ministère de l'Économie alors dirigé par Édouard Balladur, pour demander un agrément sur le RES de Darty. L'adhésion des pouvoirs publics au rachat du numéro 1 français de l'électroménager par ses salariés va permettre à la délégation d'obtenir une réponse du service de législation fiscale, confirmée par signature et tampon dès le lundi suivant.

L'effet d'annonce : une bombe

Pour communiquer efficacement le jour J sur la plus grosse opération de ce type jamais réalisée en Europe, il faut s'assurer de la plus grande discrétion en amont. La veille du lancement du plan de communication, l'imprimeur Bertrand Lehrer est informé qu'il devra produire en secret et en urgence les documents qui seront adressés aux agences de presse. « J'ai fait le tour de mes employés, raconte l'imprimeur, et j'en ai trouvé trois ou quatre qui étaient d'accord pour passer la nuit à imprimer ! À quinze heures, j'ai récupéré les documents à Bondy pour les emporter à l'imprimerie. J'avais tellement peur qu'il y ait un problème que j'ai loué un deuxième camion au cas où on aurait un souci avec notre véhicule de livraison. On a réussi à livrer les documents à bon port, le lendemain matin à 9 heures, dans toutes les agences de presse qui devaient diffuser l'information. »

Tout est maintenant en place pour le lancement de l'opération. Guy Lavaud, qui est alors responsable de la communication, se souvient de sa mise en place : « Annoncer aux médias, à date pile, que l'entreprise allait disposer d'un actionnariat salarié, il a fallu que ça se fasse dans le secret. La communication interne a été faite comme un package absolument confidentiel qui a été largué comme une bombe. »

Le jeudi 28 avril 1988, entre les deux tours de l'élection présidentielle, et alors qu'elle ouvre son centième magasin, la direction de Darty présente à la presse son projet de rachat par ses salariés. Le prêt de 5,5 milliards de francs, sur douze ans, ainsi qu'un crédit relais de 880 millions qui lui ont été consentis devraient permettre à la Financière Darty de racheter l'ensemble des actions Darty sur lesquelles elle va, dans un deuxième temps, lancer une OPA.

Le lendemain, le vendredi 29 avril à 10 h 14, la Société des bourses françaises décide, après avoir été informée du projet d'OPA, la suspension du titre Darty sur le marché à règlement mensuel de la Bourse de Paris. La Financière Darty, qui a déjà acquis les 26 % du capital que détenait la famille Darty, lance son OPA sur le marché de Paris en offrant aux actionnaires du groupe, du 9 mai au 10 juin 1988, 400 francs par action ordinaire, soit 12 francs de plus que le cours de la Bourse, et 300 francs par action à dividende prioritaire sans droit de vote. Dans le journal *Libération* daté du 1er mai 1988, on peut lire les mots de Philippe Francès expliquant l'opération : « Le prix proposé est supérieur à 20 fois le bénéfice consolidé et, comme nous devons rembourser les emprunts contractés sur les bénéfices réalisés par la société, aucun dividende ne sera distribué. » Le président du directoire prévient ainsi ceux qui auraient encore quelques réticences à céder leurs actions. « Cette annonce, écrit le journaliste de *Libération*, a laissé les analystes financiers perplexes : "Je ne vois pas l'intérêt de racheter 100 % du capital. Si c'est un simple problème de succession, pourquoi les Darty n'ont-ils pas vendu leurs titres aux cadres supérieurs ? C'est un peu bizarre", commente l'un d'eux. Il est vrai que les frères Darty ont longtemps paru bizarres, pour ne pas dire agaçants, dans le milieu de la distribution, comme tous les pionniers qui l'ont révolutionnée dans les années soixante. »

À ces analystes du marché financier parisien, Bernard Darty répond en ces termes : « La réussite de notre entreprise, c'est à l'ensemble de nos collaborateurs que nous la devons. Il nous a semblé qu'il était dans l'ordre des choses de les faire participer le plus possible au rachat de leur entreprise. » André Touati ajoute : « Bernard disait : "Il y a des richesses qui sont là, il faut savoir les cueillir et pour les cueillir, il ne faut pas être tout seul." Cela a développé chez lui un sens de la participation des autres à tout, je dis bien à tout. Bernard a créé des millionnaires, alors qu'il aurait pu tout garder pour lui. Mais il savait très bien qu'en gardant tout pour lui, il aurait peut-être eu moins que s'il partageait avec les autres. »

La culture de la participation des salariés, au sens large, est chez Darty particulièrement forte. Dans une entreprise où tout le monde ou presque se trouve face au client, le fait que chacun se sente directement impliqué est en effet particulièrement important. Cela joue sur l'état d'esprit et le comportement des salariés, qui représentent tous l'entreprise à des niveaux différents. Les dirigeants ont ainsi toujours veillé à ce que chacun se sente personnellement considéré et engagé au sein de l'entreprise, et le turnover du personnel est de fait relativement faible. Cela va largement favoriser la communication, la compréhension et l'adhésion des salariés à une entrée dans le capital de la société.

« Si la famille Darty dit que c'est bien, je signe »

Le pari peut, s'il aboutit sans encombre, s'avérer très profitable pour tous. Mais pour l'heure, l'essentiel est de réussir le RES et le défi reste entier : il faut obtenir l'engagement d'une large majorité des salariés. En effet, il est totalement nouveau que les cadres dirigeants ne soient pas les seuls repreneurs d'une entreprise.

Il faut donc à présent communiquer en interne et faire preuve de pédagogie. La direction du groupe a pour cela préparé une communication claire, précise et détaillée à destination de ses salariés. Deux jours après l'annonce officielle du RES, le 30 avril 1988, un courrier signé par Bernard Darty et Philippe Francès leur est adressé : « Un projet capital pour vous, votre situation, votre avenir et celui de votre entreprise va vous être proposé dans quelques jours. Nous avons souhaité vous en informer dès que les contraintes légales nous le permettaient. L'équipe des cadres dirigeants de Darty a en effet décidé de proposer à tous les salariés de prendre, avec elle, le contrôle majoritaire de l'entreprise, avec l'accord et l'appui du groupe familial fondateur… »

Pendant plusieurs semaines, communiquer est le maître mot. « Je ne souhaitais pas, précise Gérard Basini, qu'on se dise : "C'est le casino, vous n'avez qu'à appuyer sur le bouton pour gagner dix fois plus que la somme investie." Le message était : "On y croit, mais il y a des risques." La proposition devait être vraiment très claire et honnête. Les gens nous ont toujours crus et soutenus parce qu'on a toujours été honnêtes, on n'a jamais raconté d'histoires. »

« Ce qui m'a le plus frappé, par comparaison aux dérives du capitalisme financier qu'on voit souvent aujourd'hui, commente Alain de Pouzilhac, c'est une entreprise qui, sans être paternaliste, avait gardé les valeurs des entreprises familiales. C'est-à-dire, au fond, qu'on faisait confiance à Darty et que Darty nous faisait confiance. Au moment du RES, ça s'est fait simplement, justement parce qu'il y avait cette culture qui rendait chacun fier de travailler chez Darty. On savait que l'entreprise ne virait pas pour faire plus de profits, on savait que pour gagner 3 % en Bourse on n'allait pas dégraisser 150 personnes. »

Des outils de communication simples et efficaces sont remis aux responsables et plus généralement à l'ensemble du personnel. À partir d'un exemple, les dirigeants expliquent à leurs salariés pourquoi « racheter la société dans laquelle on travaille, c'est maintenant possible grâce au RES ». Un livret explicatif « Rachat de Darty par ses salariés : comment souscrire ? » vient compléter les informations. Bernard Darty, interrogé par « Monsieur Formation », Jean-Daniel

Moreau, développe dans un entretien vidéo la stratégie du groupe et les enjeux pour chacun des salariés. Mais c'est dans la relation directe entre collègues que la communication se fait plus riche et efficace. Un classeur de 90 fiches en main, les responsables du siège mais aussi des filiales en région expliquent et répondent aux nombreuses questions. Les salariés découvrent ce qu'est la Bourse et ses règles. L'ensemble de ces échanges doit permettre à chacun de prendre sa décision et, chemin faisant, d'accéder à un statut autre que celui de salarié.

Guy-Alexandre Gallon se souvient, en tant que responsable du personnel, des cours d'éducation économique qu'il a, lui aussi, délivré à ses collègues : « On expliquait ce qu'était l'actionnariat, la participation, l'intéressement. Je me rappelle d'une anecdote, la plus fantastique pour un responsable du personnel. C'est le salarié qui, sur son jour de repos, vous donne rendez-vous, avec son époux ou son épouse, pour qu'on lui explique ce qu'il faut faire. » Jean-Yves Picot se souvient de l'événement : « Je découvre avec ma candeur, ma jeunesse, puisque j'avais 23 ans, que Bernard Darty décide de vendre l'entreprise à ses salariés. Vaste mot à l'époque pour un jeune qui avait très peu d'ancienneté. J'ai écouté d'une oreille d'abord assez lointaine les premiers émois de ce rachat, et puis, plus les jours avançaient, plus on se sentait impliqués. L'encadrement en place n'avait de cesse de prêcher la bonne parole, mais finalement sans faire beaucoup d'efforts. Juste avec leurs mots, pleins de simplicité, cette fierté d'appartenance comme on dit, avec le logo Darty sur le cœur. » Les témoignages des salariés sont nombreux et rappellent la confiance sans ombre qu'ils ont envers leur entreprise et ses dirigeants, à commencer par les frères Darty.

Le seul obstacle viendra de la centrale CGT de Montreuil, qui n'accepte pas de compromission avec le patronat ; le syndicat appelle les salariés à ne pas participer au rachat de leur entreprise. On peut lire dans *Le Monde* du 18 juin 1988 : « Les responsables CGT de l'entreprise, très critiques sur cette opération, conseillent : "Entre deux actions, choisissez la bonne." Une manière de dire que l'actionnariat ne donne pas le pouvoir. » Mais la confiance dans les valeurs de Darty aura raison des commandements idéologiques. La cellule CGT de l'entreprise passe outre les positions de la centrale et décide de suivre les dirigeants de Darty.

Jean-Claude Carrabin se souvient que le responsable RH de la filiale Île-de-France à Bondy avait dû répondre à toutes les questions, rencontrer tous les collaborateurs : « Le gardien du siège était d'origine étrangère, je crois qu'il était incapable de comprendre ce que tentait de lui expliquer mon collègue concernant le mécanisme du RES. Il s'est dit : "Comment diable vais-je m'y prendre pour le faire adhérer ?" Il commence donc son laïus quand le gardien le prend par le bras et lui dit : "Écoute, te fatigue pas. Si la famille Darty dit que c'est bien, c'est bien. Où est-ce que je signe ?" »

Jean-François Quenin se souvient d'une autre anecdote, qui elle aussi met au premier plan ce lien si intime forgé aux cours des ans : « Il y avait un SAV à Lyon où l'ensemble du service m'a dit : "On n'y va pas, on ne met pas notre argent." Je suis allé les voir et devant tout le monde, je leur ai demandé de m'expliquer pourquoi. Ils m'ont répondu : "Si on adhère, ça va devenir une coopérative, on va tous décider de tout, c'est ça ?" Je les ai rassurés en leur expliquant que la direction actuelle continuerait bien sûr de gérer. Leur réponse a été immédiate : "Ah bon, vous restez aux manettes ? Alors si c'est le cas, on met notre argent !" »

90 % des salariés disent « oui »

« À l'époque, je me suis occupé de quelques dossiers, se souvient Gérard Basini. Une dame est venue me voir en disant : "Je ne sais pas comment faire, je n'ai pas d'argent pour investir." En consultant son dossier, j'ai réalisé qu'elle disposait sur son plan d'épargne entreprise de quelque chose comme 250 000 francs, en participation et en actions. Elle ne s'en était pas rendu compte ! Et elle n'avait jamais touché à rien… Comme les salariés pouvaient investir jusqu'à 50 000 francs, je lui expliqué qu'elle pouvait garder 200 000 francs pour elle et investir le reste dans le capital de la Financière Darty. Elle était ravie ! » Cet exemple est emblématique, bien sûr, mais le fait est que beaucoup des salariés avaient les fonds suffisants sur leur plan d'épargne entreprise, car ils avaient toujours été associés au capital. Au printemps 1988, l'ensemble de ces placements représente des valeurs significatives pour investir dans le rachat de l'entreprise *via* la Financière Darty, et ceci sans faire appel à des fonds personnels hors entreprise. Quant à ceux qui avaient besoin de financements, ils bénéficiaient de procédures simplifiées auprès des banques, mises en place par la société : les conditions étaient négociées et les remboursements des prêts pouvaient se faire par le déblocage annuel des participations antérieures.

Avec toutes ces conditions réunies, le taux de participation des salariés au RES se révèle supérieur aux attentes. Plus de 90 % des salariés souscrivent au capital de la Financière Darty. À l'issue de la procédure d'OPA, 95,3 % des actions composant le capital des Établissements Darty et Fils sont détenus par la Financière Darty.

Couverture du magazine La Vie française *en mai 1988, où l'on voit Bernard Darty et Philippe Francès se serrer la main.*

Une sortie par le haut

En 1992, après la fondation de l'Union européenne, Darty, tout en poursuivant son développement au niveau national, réfléchit à un avenir européen. Si l'expérience espagnole a été de courte durée et que la participation dans le groupe belge Vanden Borre est récente, le rapprochement avec une société internationale dans le même secteur d'activité pourrait satisfaire aux légitimes ambitions du leader français.

« À un moment, se souvient Michel Repiso, l'accélération à l'international commençait à se faire jour. Nous avons assez vite senti que nous avions la capacité de continuer mais nous ne pouvions pas franchir ce pas-là seuls, parce qu'on devait rembourser cette fameuse dette. » De plus, même si le groupe Darty consolide ses positions, la récession économique bouche son horizon.

Les dirigeants ont depuis quelques années mené des études et pris des contacts avec différentes entreprises européennes. À l'issue de ces démarches, ils prennent la décision d'un rapprochement avec la firme britannique Kingfisher. L'accord de fusion est signé à Londres le 18 février 1993 par Gérard Basini, directeur général de la Financière Darty et James Kerr Muir, directeur financier du groupe britannique. Cette fusion doit permettre à Darty, tout en sortant par le haut de son RES, de se développer plus aisément à l'échelle européenne, et à Kingfisher de profiter du savoir-faire dans le service après-vente de Darty et d'une façon plus globale, de valoriser son groupe.

Rapidement, les bons résultats de Darty viennent doper ceux de la multinationale britannique. Le poids économique du nouveau groupe permet à la fois de mieux négocier les achats mais aussi de définir une stratégie ambitieuse à l'échelle internationale. À cela s'ajoute, pour les actionnaires de la Financière Darty, un intérêt financier majeur : l'accord prévoit « en rémunération de leurs titres, 68 millions d'actions Kingfisher correspondant à 11 % de son capital, complétées par une soulte de 1,65 milliard de francs. L'opération donne naissance au leader européen de la distribution électrodomestique » (*Les Échos*, 19 février 1993).

Pour acheter les actions Darty détenues par la Financière, le groupe britannique investit 8,25 milliards de francs. Cette somme est destinée d'une part à rembourser la dette, et d'autre part, elle permet de valoriser le capital de la holding française à 4,45 milliards de francs. Philippe Francès s'en félicite, faisant remarquer dans *Les Échos* qu'« un actionnaire ayant investi 1 franc en 1988 toucherait aujourd'hui près de 6 francs, dont un tiers en liquide. Cette opération est le symbole de la réussite d'un RES. L'alliance est la voie de sortie la plus intelligente ».

Le pari de Bernard Darty, grâce à l'implication de tous et à la politique intelligente menée au nom du groupe par Philippe Francès, a été un pari gagnant aussi bien pour la société désendettée et projetée sur la scène internationale que pour ses salariés qui vont pouvoir, tout juste cinq ans plus tard, profiter du résultat spectaculaire de leur investissement.

« Pour moi, le RES, ça a été une grande chose, puisque j'y avais mis toutes mes participations, se souvient Marcelle Bisson. On nous a promis qu'elles seraient multipliées par 5, et c'est ce qui est arrivé ! Ça m'a aidée à acheter mon pavillon. »

Jean-François Quenin relate que, lors de la visite, chez lui à Bordeaux, d'un ancien agent de maîtrise de Darty Saint-Étienne, celui-ci s'est exclamé : « Bernard Darty, c'est un Monsieur ! Il nous a mis sur le sec. »

Quant à Jean-Yves Picot, il raconte comment il a pu, grâce au RES, acheter sa première voiture et investir dans un appartement : « Quand j'y repense, trente ans après, je me dis que Bernard Darty a été un visionnaire car il a cru dans le RES mais avant tout dans ses employés ! Quelle leçon ! Vous pourriez dire que l'époque se prêtait peut-être plus qu'aujourd'hui à ce genre de choses. OK. Mais encore fallait-il le faire ! »

« Le RES a changé la vie de beaucoup de monde chez Darty. Certains sont devenus rentiers à 40 ans… Il faut avoir une mentalité particulière pour favoriser l'idée du partage quand on est une entreprise familiale, mais c'est aussi un modèle de fonctionnement : transformer une société de près de 6 000 personnes en une start-up actuelle, c'était visionnaire ! » commente Jean-Luc Sélignan.

Après la sortie du RES et la fusion avec Kingfisher, une nouvelle page de l'histoire de l'entreprise va désormais s'écrire sans Natan, Marcel et Bernard Darty.

Conclusion

Les raisons d'un succès

Quels sont les facteurs explicatifs du succès de Darty ? Quels avantages concurrentiels le groupe a-t-il su construire pour se placer en leader sur son marché ? Ce livre vous a permis de découvrir les grandes étapes de ce développement qui a peut-être été, au commencement, plus intuitif que planifié : alors que les commerçants ont tendance à s'intéresser en premier lieu à leur chiffre d'affaires, les frères Darty ont privilégié la satisfaction du client. Ils ont placé au cœur de leur entreprise la notion de « 100 % de clients satisfaits » et bâti leur propre vision du commerce, « service compris ».

Lorsqu'ils ont débuté avec leur premier magasin d'électrodomestique, c'était l'époque des Trente Glorieuses. Le commerce était en plein essor, les foyers s'équipaient en électroménager et la construction des premières autoroutes, puis l'attractivité des tout nouveaux centres commerciaux régionaux ont élargi les zones de chalandise. Bernard Darty se souvient encore de son étonnement lorsqu'il a découvert le *Schéma directeur d'aménagement et d'urbanisme de la région parisienne*, qu'il s'était procuré peu après sa publication en 1965. Ce document contenait les éléments majeurs permettant de prévoir la configuration de la région parisienne pour le siècle suivant…

Dès le début des années 1970, quand la taille de la société a permis de recruter quelques cadres, les frères Darty ont affiné leur stratégie. « Nous étions tous les trois autodidactes et pour ma part, curieux par nature, j'absorbais les informations comme une éponge, raconte Bernard. Je m'appuyais sur les collaborateurs que j'avais recrutés et je leur faisais confiance, ce qui ne m'empêchait pas de garder l'autorité dans la prise de décision. »

Toute l'organisation a été basée sur la volonté de rendre service au client, que la société a développée en assurant, contrairement aux usages de la profession, elle-même et gratuitement le service après-vente. Plus tard, ce service sera décentralisé, pour une plus grande proximité avec la clientèle.

La livraison gratuite à domicile a été un autre de ses avantages concurrentiels : appréciée du client, elle évite également le stockage des marchandises dans chaque point de vente, puisque tous les produits des fournisseurs sont livrés en un même lieu. C'est ainsi qu'est née la logistique centralisée, dont les nombreuses vertus ont largement contribué au succès de l'entreprise : conditions d'achat favorables auprès des fournisseurs en raison des quantités importantes acheminées en un même point, accroissement de la vitesse de rotation des stocks, bonne disponibilité des produits et diminution des charges fixes à mesure que les nouveaux magasins ouverts sont à leur tour desservis par les entrepôts existants. La baisse des coûts de transports et l'amélioration des infrastructures ont conforté ce modèle et les bonnes relations que les frères Darty entretenaient avec les fournisseurs – respect de la parole donnée et paiement comptant – ont été déterminantes pour maintenir une politique de prix bas.

L'équipement informatique de la société, à une époque où l'ordinateur était encore un mystère pour beaucoup de gens, a également été un puissant outil de gestion et de contrôle, puisque Darty était alors le seul distributeur à obtenir des informations sur ses ventes par référence, par vendeur ou par magasin, d'abord en temps différé puis en temps réel, le système s'améliorant au fur et à mesure des évolutions technologiques. « L'information, c'est du pouvoir, a coutume de dire Bernard Darty. Cela permet de veiller à la bonne santé de l'entreprise et de prendre les décisions en connaissance de cause. Les directeurs de magasins se souviennent encore que chaque samedi, ils communiquaient leur chiffre d'affaires à une secrétaire que j'appelais avant d'aller dîner... »

La communication publicitaire, qui dans les débuts était un peu dispersée, évoquant tantôt les prix bas, tantôt le large choix, a joué un rôle décisif au moment où elle s'est trouvée synthétisée en une promesse simple contenue dans le Contrat de Confiance. L'agence Havas Conseil a diffusé ce message fort sur les ondes radio nationales, créant un parapluie publicitaire qui a facilité l'implantation en province, où le nom de l'entreprise était déjà connu du public.

Enfin, les relations humaines, le mode de recrutement et l'ambiance générale au sein de l'entreprise sont à l'origine de ce que l'on peut appeler « l'esprit Darty », dont la plupart des anciens collaborateurs se montrent encore si fiers. « Les origines sociales de notre famille, les quartiers populaires dans lesquels nous avons vécu et l'éducation que nous avons reçue, mes frères et moi, nous ont appris à être à l'écoute des salariés, explique Bernard Darty. Nous étions prévenants, polis, courtois. Jamais je n'ai tutoyé un employé. Jamais je n'ai demandé à madame Boret de m'apporter un café. C'est une question d'attitude, de politesse et de respect.

Les gens sont très sensibles aux marques de considération qu'on leur porte et je crois que cela a été apprécié. » Cette bonne atmosphère a permis le partage d'une culture forte, chacun devenant porteur au sein de l'entreprise des valeurs qui en constituaient le socle.

En 1987, un problème de santé a incité Bernard Darty à précipiter les échéances, mais il se dit heureux de la manière dont s'est déroulé le rachat de l'entreprise par ses salariés, qui lui vaut encore des remerciements, bien des années plus tard, de la part de tous ceux qui en ont bénéficié. Au moment du RES, président du conseil de surveillance, il s'est astreint à une réserve qu'il a estimée nécessaire pour laisser le directoire exercer le pouvoir, sans qu'on puisse imaginer qu'il y ait ingérence de sa part, même dans les décisions stratégiques. En 1993, après la fusion avec Kingfisher, il quitte toutes ses fonctions au sein du groupe.

Mais, bien après le départ des trois frères, l'esprit Darty est resté vivant au cœur de l'entreprise, porté par des collaborateurs impliqués et soucieux de faire perdurer les engagements du fameux Contrat de Confiance.

Postface

par Bernard Darty

La plupart des lecteurs n'ont sans doute pas idée des évolutions que la société a connues depuis mon enfance… C'est le privilège du grand âge. Moi qui suis né en 1934, je me souviens des voitures à cheval qui nous livraient des pains de glace pour tenir au frais notre garde-manger. Du bougnat qui montait le charbon sur son épaule jusqu'aux appartements. Des marchands des quatre saisons qui faisaient office de « petite surface spécialisée ». Il n'y avait naturellement pas de téléviseur et le poste de radio ressemblait à un gros meuble qui crachotait, devant lequel toute la famille se réunissait le soir pour écouter des feuilletons comme *Signé Furax*. J'ai été le témoin d'avancées stupéfiantes dans tous les domaines, et également, à mon humble niveau, l'un des acteurs d'une révolution des structures du commerce qui a débuté aux États-Unis et s'est étendue à la France des années 1960.

Vous savez déjà que depuis 1993, je ne suis plus dirigeant ni actionnaire de l'entreprise qui porte mon nom. Il me semble que tout ce que nous avions construit, mes frères et moi, a perduré pendant de longues années après mon départ, porté par les équipes en place et confirmé par les excellents résultats financiers. Les valeurs fondamentales et le fameux « esprit Darty » qui ont fait toute la richesse de l'entreprise sont longtemps restés présents en son cœur, et je me félicite de la pérennité de notre Contrat de Confiance.

Au tournant des années 2000, la gouvernance a été assurée par des conseils d'administration successifs à majorité britannique, dont il ne m'appartient pas de juger les décisions stratégiques : tout d'abord Kingfisher, Kesa, puis Darty PLC, et enfin depuis 2016, le nouveau groupe Fnac Darty, dont Ceconomy est désormais le principal actionnaire. Précisons que ce groupe est également le principal actionnaire du numéro 1 européen de l'électrodomestique, Saturn-MediaMarkt. Darty a, notamment, bien su négocier le grand tournant du commerce *via* Internet, puisqu'il a été l'un des premiers à développer son site en ligne. Il a également trouvé très tôt des voies de développement multicanal.

Mais à l'heure actuelle, des challenges d'un nouveau genre se présentent à Darty ainsi qu'à l'ensemble des acteurs du commerce, qu'ils soient petits ou grands, organisés ou non, artisanaux ou multinationaux. Je veux ici parler de la menace que représentent Amazon, cette véritable « machine de guerre » – pour citer l'article paru dans *Les Échos* du 16 avril 2018 – et l'arrivée du géant chinois Alibaba. Si aucune mesure n'est prise, le commerce classique que nous connaissons à travers ses installations physiques et ses magasins, déjà gravement atteint, risque d'être complètement dévasté.

Pour tenir ces propos, je m'appuie sur les points de vue et les études menées par de nombreux économistes, professeurs en stratégie et autres experts qui nous alertent sur l'irréversibilité des dommages qui sont en train d'être causés. Au moment où j'écris ces lignes, en avril 2018, j'apprends que le tiers des centres commerciaux américains est sur le point de fermer. En France, ils commencent à être « mités », ce qui signifie que de nombreux locaux ne trouvent pas preneur. Les performances du commerce classique sont pour la plupart en décroissance. Nous devons donc nous attendre à ce que l'hécatombe qu'ont connue les libraires d'abord aux États-Unis, puis ensuite en Europe, devienne le sort commun de tous les acteurs du commerce. À l'image de la librairie, qui était l'activité initiale d'Amazon, tous les autres secteurs sont ou seront affectés par la pression concurrentielle sans précédent à laquelle se livre cette société. Sans vouloir assimiler ma démarche à celle des cochers de fiacre inquiets face à la concurrence des taxis, ni à celle des canuts lyonnais craignant l'arrivée des métiers à tisser, je tiens à tirer la sonnette d'alarme, même s'il est peut-être déjà trop tard…

On peut comprendre les vertus de la « destruction créatrice » énoncées par Joseph Schumpeter, dans le sens où celle-ci maintient des éléments de concurrence saine. Rappelons que la grande époque de l'ouverture des premiers hypermarchés n'a pas entraîné de situation de monopole, mais qu'au contraire elle a exacerbé la concurrence. Une concurrence qui se faisait alors à armes égales. Aujourd'hui, ce n'est plus le cas. Amazon est devenu un monstre tentaculaire qui s'approprie le chiffre d'affaires marginal des autres entreprises en rongeant leur bénéfice, ce qui conduira immanquablement à leur disparition. La pieuvre Amazon va s'infiltrer dans tous les secteurs, de l'alimentaire aux produits technologiques en passant par l'assurance et peut-être même les soins de santé, avec des ruses de prédateur qui visent à détruire toute concurrence. Le dernier exemple en date est celui de la vidéo à la demande. Ayant manqué le développement de la VoD par streaming, Amazon est brutalement entré sur ce marché en offrant gratuitement ce service à ses abonnés *Prime*. Que reste-t-il à ses concurrents pour se défendre face à la gratuité ? Cet exemple est riche d'enseignements sur la stratégie commerciale agressive d'Amazon. Observez son logo : vous y découvrirez une flèche en forme de sourire qui va de A jusqu'à Z, signifiant par là qu'aucun domaine n'échappera à l'emprise de ce géant.

Les mots de « dumping » et de « concurrence déloyale » s'appliquent-ils à cette situation ? Si vous consultez les comptes d'Amazon, vous constaterez que son activité de vente au détail n'est pas ou peu rentable, et ce depuis sa création. Un état de fait qui conduirait normalement la société à changer de modèle économique ou à disparaître. Et nous arrivons ici au cœur du problème. Il apparaît que l'activité de commerce de détail d'Amazon est subventionnée par une autre, beaucoup plus rentable, qui génère même d'énormes profits : la location d'espace sur le *cloud* par le biais d'Amazon Web Services (AWS). Une activité qui vient compenser les pertes de la vente au détail, et qui détruira purement et simplement tous ses concurrents. Car qui peut résister face à un commerçant qui travaille à perte ?

Envisageons à présent l'avenir à moyen terme : souhaitons-nous échanger très provisoirement une baisse des prix pour le consommateur qui les adore, contre une modification définitive de notre style de vie ? Nous pourrons dire adieu à nos rues commerçantes et n'aurons plus d'autre choix que d'aller faire nos courses dans des ruelles virtuelles qui mèneront toutes à la *marketplace* d'Amazon. Il lui sera alors facile d'imposer sa loi, ses loyers et ses conditions, et tous les anciens ou nouveaux acteurs du commerce deviendront les vassaux du seigneur Amazon.

Loin de moi l'idée de jouer les économistes, et je n'ai pas non plus la prétention d'imposer mon diagnostic. Vous vous forgerez votre propre opinion. Quelles solutions peut-on envisager ? Doit-on exiger qu'une séparation soit imposée entre AWS avec sa position dominante et l'activité commerce d'Amazon, pour éviter que l'une puisse subventionner l'autre au détriment d'une concurrence saine et loyale ? Le commerce saura-t-il trouver les ressources nécessaires pour résister à ce rouleau compresseur ? Ou faudra-t-il attendre l'intervention des législateurs et des gouvernements pour prendre des mesures aussi bien réglementaires que fiscales ?

Alors que s'achève l'écriture de ce livre, et m'appuyant sur mon long passé de commerçant traditionnel déjà bien lointain, je me contente du rôle de lanceur d'alerte. Il appartiendra aux jeunes ou nouveaux commerçants de trouver des réponses et des solutions. Existe-t-il des hommes politiques suffisamment courageux, les yeux ouverts sur le futur ?… J'ai confiance !

Crédits photographiques

Toutes les illustrations de l'ouvrage proviennent des archives Darty :

pca
cmb
édition pré-presse
livres numériques

44400 Rezé

78124 – (I) – BOU 80° – PCA – MPN
Dépôt légal : septembre 2018
Imprimé en Italie par Grafica Veneta S.p.A., Trebaseleghe (PD)